Führung managen

Stefan Kühl • Judith Muster

Führung managen

Eine sehr kurze Einführung

Stefan Kühl
Metaplan GmbH
Quickborn, Deutschland

Judith Muster
Metaplan GmbH
Quickborn, Deutschland

ISBN 978-3-658-47322-8   ISBN 978-3-658-47323-5 (eBook)
https://doi.org/10.1007/978-3-658-47323-5

Die Deutsche Nationalbibliothek verzeichnet diese Publikation in der Deutschen Nationalbibliografie; detaillierte bibliografische Daten sind im Internet über https://portal.dnb.de abrufbar.

© Der/die Herausgeber bzw. der/die Autor(en), exklusiv lizenziert an Springer Fachmedien Wiesbaden GmbH, ein Teil von Springer Nature 2025

Das Werk einschließlich aller seiner Teile ist urheberrechtlich geschützt. Jede Verwertung, die nicht ausdrücklich vom Urheberrechtsgesetz zugelassen ist, bedarf der vorherigen Zustimmung des Verlags. Das gilt insbesondere für Vervielfältigungen, Bearbeitungen, Übersetzungen, Mikroverfilmungen und die Einspeicherung und Verarbeitung in elektronischen Systemen.
Die Wiedergabe von allgemein beschreibenden Bezeichnungen, Marken, Unternehmensnamen etc. in diesem Werk bedeutet nicht, dass diese frei durch jede Person benutzt werden dürfen. Die Berechtigung zur Benutzung unterliegt, auch ohne gesonderten Hinweis hierzu, den Regeln des Markenrechts. Die Rechte des/der jeweiligen Zeicheninhaber*in sind zu beachten.
Der Verlag, die Autor*innen und die Herausgeber*innen gehen davon aus, dass die Angaben und Informationen in diesem Werk zum Zeitpunkt der Veröffentlichung vollständig und korrekt sind. Weder der Verlag noch die Autor*innen oder die Herausgeber*innen übernehmen, ausdrücklich oder implizit, Gewähr für den Inhalt des Werkes, etwaige Fehler oder Äußerungen. Der Verlag bleibt im Hinblick auf geografische Zuordnungen und Gebietsbezeichnungen in veröffentlichten Karten und Institutionsadressen neutral.

Springer VS ist ein Imprint der eingetragenen Gesellschaft Springer Fachmedien Wiesbaden GmbH und ist ein Teil von Springer Nature.
Die Anschrift der Gesellschaft ist: Abraham-Lincoln-Str. 46, 65189 Wiesbaden, Germany

Wenn Sie dieses Produkt entsorgen, geben Sie das Papier bitte zum Recycling.

Vorwort

Der Titel dieses Buchs, „Führung managen", mag überraschen, wird doch im Praktikerdiskurs häufig mit einer simplen Gegenüberstellung von Management und Führung hantiert (siehe früh Zaleznik 1977; Zaleznik 1989 und als Beispiel für eine von vielen Kopien Kotter 2009). Manager würden, so die übliche Auffassung, „verwalten", „erhalten" und „imitieren". Sie würden „den Status quo" akzeptieren, sich „auf Systeme" fokussieren und sich „auf Kontrolle" verlassen. Sie seien „rational und kontrolliert", hätten „die Bilanz im Auge" und machten „Dinge richtig". Dagegen würden Führer „innovieren", „entwickeln" und „kreieren". Sie würden „den Status Quo" herausfordern, sich „auf Menschen" fokussieren und „auf Vertrauen" setzen. Sie seien „begeistert und begeisternd", „hätten die Vision im Herzen" und „machten die richtigen Dinge" (so ironisierend Neuberger 2002, S. 49).

Ganz im Sinne dieser Gegenüberstellung ist es inzwischen zur Mode geworden, über ein Übermaß an Management und einen Mangel an Führung zu klagen. Gebetsmühlenartig wird in Büchern, Konferenzen und Schulungen wiederholt, dass in Organisationen zu viel gemanagt und zu wenig geführt wird (siehe als ein Beispiel Pfläging 2009, S. 59 ff.; dazu kritisch Mintzberg 2010, S. 22; McCann 2015, S. 173 ff.). Wenn man Karriere in einer Organisation machen will, so der Eindruck, muss man sich eher als „charismatischer Führer" denn als „verwaltender Manager" präsentieren (Gemmill und Oakley 1992, S. 114 f.; Alvesson und Spicer 2014, S. 40).

Die simple Gegenüberstellung von Führen und Managen bringt zum Ausdruck, dass sich die meisten Führungsansätze in einem „organisationalen Vakuum" bewegen (siehe früh die Kritik bei Miner 1975; siehe auch Lakomski 2005, S. 5). Es wird nicht systematisch ausgearbeitet, wie sich Führung der Hierarchie gegenüber verhält (siehe dazu Breisig und Kubicek 1995, S. 1064 f.; Muster und Hermwille 2024, S. 16). Es fehlt die Analyse darüber, welchen Einfluss Programme in Form von Wenn-dann-Regeln oder Zielvorgaben auf Führung haben (siehe dazu Türk 1981, S. 65; Neuberger 2002, S. 440 ff.). Auch wenn lange Zeit Führungsansätze dominierten, die die Eigenschaften von Führenden in den Mittelpunkt stellten, wurden diese nicht an die Komponente Personal als ein Strukturmerkmal von Organisationen rückgebunden (siehe dazu Türk 1987, S. 234 f.).

Ziel dieses Buches ist es, im Gegensatz zur allzu simplen Gegenüberstellung im Praxisdiskurs die Aspekte der Führung stärker mit Dimensionen der Organisation zusammenzuführen. Dabei soll das Phänomen der Führung in seinen verschiedenen Facetten von einer systemtheoretischen Perspektive aus bestimmt werden. Gerade weil der Schwerpunkt des Buches auf Führung in Organisationen liegt, kann man es nur präzise begreifen, wenn man davon ausgeht, dass Führung nicht nur in Organisationen, sondern auch in Gruppen, Bewegungen oder Familien vorkommt. Einzig auf diese Weise kann man erkennen, dass sich in Organisationen Führungsansprüche in Form von

Hierarchien verfestigen können, weil Mitglieder formalen Mitgliedschaftsbedingungen unterworfen werden können.

Es ist kein Anspruch dieses Buches, kleine interaktionelle Tipps und Tricks zu vermitteln, mit denen man als Führerin oder Führer wirksamer werden kann. Spätestens seit den spätmittelalterlichen Überlegungen von Niccolò Machiavelli (1955) gibt es ausgearbeitete Verhaltenskataloge zur besten Führungsweise (siehe für die Übertragung von Machiavellis Gedanken Jay 1968; McAlpine 2000; Bing 2004). Stattdessen soll dieses Buch dabei helfen, Führung in einem organisationalen Kontext besser zu verstehen, und darüber hinaus in die Lage versetzen, Ansatzpunkte für Führung zu identifizieren, Führungsanlässe zu erkennen und zu gestalten, Führung zu ermöglichen oder Führungsaufwände zu reduzieren. Wenn man davon ausgeht, dass durch Führung Erwartungsunsicherheit reduziert wird, öffnet dies den Blick dafür, dass sich Führung immer ausbildet, wenn die Organisationsstruktur zu wenig Halt bietet. Diese Perspektive ermöglicht nicht nur eine Erklärung für die organisatorischen Situationen, in denen der Ruf nach Führung laut wird, sondern erläutert zudem, wie der Bedarf nach Führung durch die Veränderung formaler Regelungen reduziert oder erhöht werden kann.

Dieses Buch ist Teil der kontinuierlich wachsenden Reihe „Management Kompakt", in der vor dem Hintergrund moderner Organisationstheorien die Essentials für das Wirken in Organisationen für Praktikerinnen und Praktiker dargestellt werden. Neben diesem Band sind außerdem Bücher zu den Themen „Organisationen gestalten", „Organisationskultur beeinflussen", „Projekte führen", „Strategien entwickeln", „Leitbilder erarbeiten", „Märkte explorieren", „Compliance managen" und „Workshops moderieren" erschienen. In einem Buch über „Laterales Führen" wird vorgestellt, in welcher Form sich Macht, Verständigung und Vertrauen bei der Gestaltung von Organisationen auswirken. Weil diese Bücher auf den gleichen Grundüberlegungen aufbauen, werden aufmerksame Leserinnen und Leser zwischen den Werken immer wieder verwandte Gedankengänge und ähnliche Formulierungen finden. Diese Überschneidungen werden von uns bewusst eingesetzt, um die Einheitlichkeit des zugrunde liegenden Gedankengebäudes und die Verbindungen zwischen den verschiedenen Büchern zu betonen.

Wir halten nichts davon, Texte für Manager und Berater mittels einer Ansammlung von Bullet Points, Executive Summaries oder grafischen Darstellungen zu „vereinfachen". In vielen Fällen werden Leserinnen und Leser durch diese Unterstützungen intellektuell unterfordert, weil davon ausgegangen wird, dass sie nicht in der Lage seien, die zentralen Gedanken aus einem Text ohne Hilfsmittel herauszuziehen. Normalerweise benutzen wir deswegen in Büchern dieser Reihe eine einzige Grafik, mit der wir die verschiedenen Themen einordnen – die Meta-Struktur-Matrix. In diesem Buch kommt eine zweite Grafik hinzu, weil sie unsere Überlegungen zum Zusammenhang von Organisation und Führung verdeutlicht – das Mischpult des Managements. Darüber hinaus nutzen wir lediglich ein Element, das die Lektüre erleichtern soll. In kleinen Kästchen führen wir einerseits empirische Beispiele an, die unsere Gedanken illustrieren, und andererseits nutzen wir sie dafür, um ausführliche Anschlüsse an die Organisationstheorie zu markieren. Wer wenig Zeit hat, kann auf die Lektüre dieser Kästchen verzichten, ohne dadurch den rote Faden zu verlieren.

Dieses Buch wurde im Rahmen des Metaplan Professional Programms „Führen und Beraten im Diskurs" entwickelt. Den Teilnehmenden der verschiedenen Jahrgänge, die die hier vorgestellte Vorgehensweise nicht nur kritisch hinterfragt, sondern auch ihre Erfahrungen aus der Praxis zurückgespielt haben, sei genauso für die vielfältigen Inputs gedankt wie den Organisationswissenschaftlern, die in den letzten Jahrzehnten die Praxis von Metaplan gerade im Hinblick auf das Verständnis von Führung immer wieder kritisch reflektiert und kommentiert haben.

Quickborn, Deutschland   Stefan Kühl
                                                                       Judith Muster

Inhaltsverzeichnis

1 **Die Bestimmung eines schillernden Begriffs – Einleitung** 1

2 **Führung – jenseits eines zweckrationalen Organisationsverständnisses** 13
   2.1 Die Engführung von Führung auf Hierarchie 14
   2.2 Der blinde Fleck bei der Reduzierung von Führung auf Hierarchie 25
   2.3 Die drei Richtungen von Führung in Organisationen 29

3 **Führungssubstitute – Zum Mischpult der Organisation** 39
   3.1 Die Substituierung von Führung durch Programme 42
   3.2 Die Entlastung von Führung durch Kommunikationswege 52
   3.3 Die Reduzierung der Führungsnotwendigkeit durch Personalentscheidungen 56

3.4 Die Beeinflussung des Führungsbedarfs durch die Arbeit an den Strukturen der Organisation — 60

4 Führung organisieren – ein Plädoyer — 69

Literatur — 71

1
Die Bestimmung eines schillernden Begriffs – Einleitung

Führung ist einer der schillerndsten Begriffe in der Welt der Organisation. Es scheint beinah ebenso viele Definitionen von Führung zu geben wie Personen, die versucht haben, diese zu bestimmen (Stogdill 1974, S. 7). Schaut man sich die vielfältigen Definitionsversuche an, um so etwas wie den kleinsten gemeinsamen Nenner zu finden, dann scheint es bei Führung darum zu gehen, das Verhalten anderer Personen zu steuern und diese Verhaltenssteuerung als eine Art Daueraufgabe von Vorgesetzten zu sehen. In den allermeisten Führungsansätzen steht das Verhalten von Führungskräften im Fokus. Sie sind es, die durch ihr Führungshandeln für die Freisetzung von Energie im Dienste einer gemeinsamen Sache sorgen (Staehle 1985, S. 536), die inspirieren oder eine Vorbildfunktion einnehmen sollen (Bass 1985). Aber ein einheitliches, geteiltes Verständnis darüber, was Führung im Kern ist und was nicht, lässt sich im Dschungel verschiedener Führungsansätze kaum ausmachen (zu Schwierigkeiten der Definition Pfeffer 1977, S. 104 f.; Micklethwait und Wooldrige 1996, S. 168; Locke 2003, S. 29 ff.; Day 2014, S. 4).

Gerade die Unbestimmtheit von Führung ermöglicht es, den Begriff mit vielfältigsten Hoffnungen aufzuladen (siehe dazu Witzel 2012, S. 400). Es herrscht die Vorstellung, dass es durch sie gelingen könne, eine Gemeinschaft zu bilden, die zu außergewöhnlichen Leistungen in der Lage sei. Durch gute Führung sei es möglich, dass Menschen nicht mehr von ihren Tätigkeiten entfremdet, sondern sich diesen mit großer Begeisterung und Leidenschaft widmen würden. Nur durch sie könne sichergestellt werden, dass Personen keine eingefahrenen Pfade gingen, sondern neue Wege einschlagen würden. Egal, welche Probleme in Organisationen auftreten – Führung wird als Lösung für jedes präsentiert (so kritisch Alvesson 2013, S. 170 f.; Alvesson und Spicer 2014, S. 40).

In kurzen Abständen werden deswegen vermeintlich neue Führungsansätze auf den Markt der Managementkonzepte geworfen, mit denen diese Hoffnungen erfüllt werden können. Der Begriff der Führung eignet sich hervorragend, um durch die Ergänzung mit einem Adjektiv sofort eine eigene Konzeption zur Verfügung zu haben. Meistens wird ein Adjektiv wie „authentisch", „autoritär", „charismatisch", „kooperativ", „situativ", „strategisch", „symbolisch", „systemisch", „transformational" oder „visionär" vorangestellt, um einen griffigen Begriff für einen Führungsansatz zu erhalten. Dieser muss dann nur noch mit entsprechenden Prinzipien gefüllt, mit wissenschaftlichen Überlegungen untermauert und mit konkreten Handlungstipps unterfüttert werden – schon erhält man ein eigenes, vermarktbares Führungskonzept.

Es scheint für Manager und Berater reizvoll zu sein, in dieses Spiel der Erfindung und Propagierung immer neuer Führungskonzepte einzusteigen. Schließlich kann man sich durch die Assoziation mit einem Führungskonzept einen

Namen in der Szene machen. Häufig reicht schon das rhetorische Aufmöbeln eines bekannten Konzeptes, um sich als „Keynote-Speaker" im Managementkonferenzzirkus anzubieten. Nicht wenige Führungskräfte greifen die modischen Begrifflichkeiten, minimalen Neuakzentuierungen und bunten Illustrationen dankbar auf, um bei der Motivation ihrer Mitarbeitenden nicht immer den gleichen Text sprechen zu müssen.

Problematisch ist jedoch, dass der Erkenntnisgewinn in diesem sich immer stärker beschleunigenden Wettbewerb um die Erfindung neuer Führungskonzepte äußerst gering ist. Schlimmer noch – das Wortgeklingel in Verbindung mit Führung hat zur Folge, dass immer unklarer wird, worum es eigentlich geht. Klar – man könnte sich jetzt zurücklehnen und akzeptieren, dass es die Essenz von Führung ausmacht, zu verunklären, was Führung sein soll. Aber es kann auch einen für die Praxis relevanten Erkenntnisgewinn darstellen, wenn sich Organisationsmitglieder klar machen, welche Aspekte unter dem Begriff Führung behandelt werden. Führung wird von einem diffusen Problem zu einem, das durch gutes Organisieren gestaltbar wird.

Führung – eine systemtheoretische Bestimmung
Aus einer systemtheoretischen Perspektive kann Führung als erfolgreiche Einflussnahme verstanden werden (siehe Luhmann 1964, S. 207 ff.). Führung setzt voraus, dass jemand bereit ist, in einer sozialen Situation Einfluss zu nehmen, und andere bereit sind, diese Einflussnahme zu akzeptieren (siehe dazu Muster et al. 2020, S. 291 f.). Dabei können die Akzeptanzgründe ganz unterschiedlicher Natur sein: die Zuschreibung von Kompetenz, die Anerkennung von rhetorischem Geschick, das Wissen über das Drohungspotenzial aufgrund der Beherrschung von Machtquellen oder auch die Dankbarkeit dafür, dass jemand in einer unsicheren Situation vorangeht.

Führung kann sich also immer dann ausbilden, wenn unklar ist, was in einer sozialen Interaktion zu erwarten ist (siehe dazu früh Bavelas 1960, S. 492). Kurz: Erwartungsunsicherheit ist die Vorbedingung für Führungshandeln. Sie kann entstehen, wenn allgemeine Verunsicherung über die Vorgehensweise herrscht, wenn geschriebene oder ungeschriebene Regeln viel Spielraum für Interpretation lassen oder wenn Vorgaben ergänzt beziehungsweise ersetzt werden müssen. Wenn auf einer viel befahrenen Kreuzung die Ampelschaltung ausfällt, entsteht die Notwendigkeit, dass jemand situativ die Verkehrsführung übernehmen muss.

Führung setzt auf einen Moment der Erwartungsunsicherheit. Sie braucht einen Führungsimpuls und die Bereitschaft zur Gefolgschaft. Aus diesem Verständnis ergibt sich, dass jede Person in einer sozialen Situation führen kann, soweit sie bereit und in der Lage ist, „den Ton anzugeben" (siehe dazu von Rosenstiel und Einsiedler 1987, S. 983). Wenn in einer Freundesgruppe Unklarheit herrscht, wie man den Abend verbringen soll, dann kann diese reduziert werden, indem eine Person mit Überzeugungskraft erklärt, dass sie einen neuen Club kennen würde und die Gruppe dort hineinbringen könne. Wer diese Person ist, bildet sich häufig erst in der Interaktion innerhalb der Freundesgruppe aus.

Die Ausübung von Führung durch eine Person kann sich auf eine einmalige Situation beschränken (Luhmann 1964, S. 208). Es kommt vor, dass eine Person eine Entscheidung in einer Situation hoher Unsicherheit durch einen Beitrag beeinflusst, ohne dass daraus die Erwartung folgt, dass diese Person bei der nächsten ähnlich gelagerten Situation wieder in Führung geht. Dies kann situative Folgebereitschaft genannt werden. Wenn sich in einer hitzigen Diskussion eine Person als Wortführerin zeigt, führt das nicht zwangsläufig dazu, dass dieser Person im nächsten Gespräch die gleiche Bedeutung zugestanden wird. Situativ durchgesetzte

Führungsansprüche können leicht wieder in sich zusammenfallen, wenn sie nicht fortlaufend mit durchgesetzten Lösungen reproduziert werden.

Diese Form der Führung bildet sich besonders leicht in wenig vorstrukturierten Situationen unter Unbekannten aus. Wenn sich auf einer Feier am Strand einzelne Personen sozial unangemessen verhalten, während einer Bahnfahrt Fremde in einen Konflikt geraten oder es auf einer Massenversammlung zur Panik kommt, kann es zur Klärung beitragen, wenn eine Person die Führung übernimmt und dies von den Anwesenden akzeptiert wird. Weil aber die Wahrscheinlichkeit eines erneuten Aufeinandertreffens der gleichen Personen gering ist, beschränkt sich die Führung in der Regel auf diese eine Situation.

Wenn Personen häufiger aufeinandertreffen, kommt es zwangsläufig zu einer Verstetigung von Führungserwartungen – und damit von Führungsansprüchen. Wenn eine Person regelmäßig in unsicheren Situationen die Führung übernommen hat, erwarten die anderen Beteiligten, dass dies immer wieder der Fall sein wird, und nehmen sich selbst zurück. Die Person spürt diese Erwartungshaltung und hat dadurch bessere Möglichkeiten, einen Führungsanspruch durchzusetzen (Luhmann 1964, S. 208). Sie wird zur Führungsperson, die anderen werden zur Gefolgschaft. Wir sprechen von institutionalisierten Führungserwartungen.

Besonders wirksam ist die Institutionalisierung von Führungsansprüchen und -erwartungen, wenn diese von außen abgesichert ist. In der modernen Gesellschaft sind viele Situationen dadurch geprägt, dass festgelegt ist, wer bei Erwartungsunsicherheit in Führung gehen soll. Von einem Richter wird vor Gericht erwartet, dass er bei Erwartungsunsicherheit die Führung der Interaktion übernimmt und sich diese nicht von Staatsanwälten, Verteidigern oder gar Angeklagten streitig machen lässt. Durch die Absicherung seiner Rolle im Rechtssystem und die Verfügung über Gewaltmittel zur Durchsetzung seiner Ansprüche hat er gute Chancen, diese ebenfalls durchzusetzen, jedoch ohne die Garantie, dass seine Ansprüche auch akzeptiert werden. Dies zeigt sich situativ.

Führung – eine Engführung auf Organisationen
Die Notwendigkeit zur Führung gibt es in unterschiedlichen sozialen Gebilden, denn es gibt kein soziales System, das in der Lage ist, vollkommene Erwartungssicherheiten zu bieten. Führung lässt sich deswegen in unterschiedlichen sozialen Systemen wie Kleinfamilien, Freundesgruppen, Protestbewegungen oder Organisationen beobachten. Wenn man die Führung in Organisationen in den Fokus nehmen will, ist es notwendig, sich anzuschauen, wie in ihnen Erwartungssicherheit produziert wird. Nur so kann erklärt werden, wo sich Erwartungsunsicherheiten ausbilden, an denen dann Führung ansetzt.

Organisationen unterscheiden sich von Kleinfamilien, Freundesgruppen und Protestbewegungen durch die Ausbildung formaler Erwartungen an ihre Mitglieder. Sie sind in der Lage, Mitgliedschaft unter Bedingungen zu stellen und so ein konformes Verhalten ihrer Mitglieder herzustellen (Luhmann 1964, S. 29 ff.). Das zwingt die Mitglieder, die Anweisungsordnungen, die Regelwerke und die Zusammenarbeit mit häufig komplizierten Kollegen zu akzeptieren – jedenfalls dann, wenn sie Organisationsmitglied bleiben wollen. Auf dieser Basis können Organisationen sehr differenzierte Anforderungen formulieren, die von den Mitgliedern zu befolgen sind. Effekt ist, dass es in Organisationen spezifische „Auslöser" für Führung gibt.

Viele Führungsnotwendigkeiten werden durch Zielkonflikte ausgelöst, die in Organisationen schlecht ein für alle Mal entscheidbar sind. Wenn in einem mittelständischen Softwareunternehmen die gleichen Softwareentwicklerinnen sowohl für das Abarbeiten der vorhandenen Projekte als auch zur Entwicklung neuer Geschäftsfelder genutzt werden, kommt es zwangsläufig zu einem Ressourcenkonflikt. Der Kampf zwischen dem Chief Operation Officer und der Leitung des Business Developments muss durch die Geschäftsführung „feingesteuert" werden. Es muss von Fall zu Fall neu entschieden werden, ob die Ressourcen für die Abarbeitung des alten oder die Entwicklung des neuen Business zur Verfügung gestellt werden sollen. Die Führungsarbeit ist in die Organisation „hineinprogrammiert", weil sie Zielkonflikte nicht prinzipiell auflösen kann.

Weitere Führungsnotwendigkeiten ergeben sich durch neue Anforderungen an die Organisation. So entsteht zum Beispiel Erwartungsunsicherheit, wenn der Kunde in einem Meeting neue Anforderungen stellt – und unklar ist, ob und wie man diesen begegnen soll. Für die findige Vertriebsassistenz ist eine solche Situation eine Möglichkeit, einen Führungsimpuls in Richtung ihrer Chefin zu setzen, während diese noch darüber nachdenkt, was der Kunde genau möchte. Die Chefin kann die Gefolgschaft natürlich verweigern – und so ihrerseits Erwartungssicherheit darüber herstellen, dass man bei den bisherigen Leistungen bleibt und das Produktportfolio nicht anpasst. Sie kann aber auch dem Führungsimpuls der Vertriebsassistenz nachgeben, weil der Vorschlag plausibel erscheint.

Es kann in Organisationen jedoch auch vorkommen, dass Erwartungsunsicherheiten bewusst produziert werden, damit man über Führung neue Impulse setzen kann. So werden Sicherheit bietende Programme ignoriert, um darüber Führungsansprüche anmelden zu können, oder die Orientierung leistenden Kommunikationswege umgangen, um damit neue Führungschancen zu etablieren. Eine Forschungs- und Entwicklungsleitung sorgt beispielsweise in den Meetings zur Ressourcenverteilung für einen kritischen Moment, indem sie ankündigt, dass das eigene Produkt im nächsten Presseranking zu verlieren droht. Sie bietet an, das Problem zu lösen, und bekommt die benötigten Ressourcen zugesprochen. Die bestehende und mit anderen Abteilungen ausgehandelte Entwicklungsstrategie wird auf diese Weise durch Führung immer wieder ausgehebelt. Weil aber niemand außer dem Forschungs- und Entwicklungsleiter Einblick in die Entstehung der Presserankings hat, wird diesem Führungsimpuls immer wieder gefolgt.

Um die Erwartungsstruktur von Organisationen ordnen zu können, arbeiten wir mit der Meta-Struktur-Matrix (Abb. 1.1). Der – zugegebenermaßen nicht gerade bescheidene – Anspruch dabei ist, alle Formen von Erwartungsbildung in Organisationen zu erfassen und miteinander in Beziehung zu setzen.

In der einen Dimension müssen drei Formen unterschieden werden, mit denen Erwartungen in Organisationen gebildet werden. Vereinfacht kann von der Schauseite, der formalen Seite und der informalen Seite einer Organisation gesprochen werden (siehe dazu kompakt Kühl 2014, S. 346 f.)

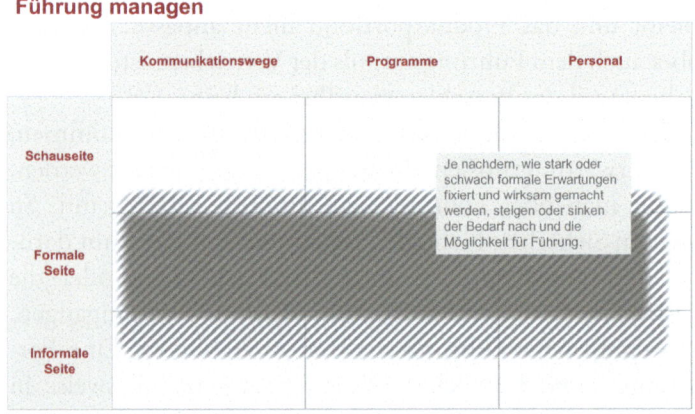

Abb. 1.1 Die Struktur-Matrix zur Analyse von Organisationen

1 Die Bestimmung eines schillernden Begriffs …

Ausgangspunkt einer Analyse ist die formale Seite, weil sich diese nur in Organisationen ausbildet. Die Formalstrukturen sind, so könnte man es mithilfe der Systemtheorie auf den Punkt bringen, die „entschiedenen Entscheidungsprämissen" einer Organisation, die entschiedene Ordnung, die als Prämisse für weitere Entscheidungen gilt. An sie müssen sich die Mitglieder der Organisation halten, wenn sie weiterhin Teil von ihr bleiben wollen (Luhmann 2000, S. 228 ff.). Dabei handelt es sich beispielsweise um Anweisungsordnungen, Berichtswege, Mitzeichnungsrechte, Zielvorgaben oder Prozeduren, die von der Organisation festgelegt wurden, um das Verhalten ihrer Mitglieder zu steuern. Mit Fokus auf Führung ist besonders interessant, wie der Mechanismus der Formalität eingesetzt werden kann, um Führungschancen und -mittel in der Organisation zu verteilen.

Schon früh wurde jedoch bemerkt, dass in Organisationen neben der formalen Seite immer auch eine informale Seite existiert. Unter informaler Struktur – der Organisationskultur – versteht man Erwartungen, an die Organisationsmitglieder gebunden sind, die aber nicht als Mitgliedschaftsbedingung ausgeflaggt werden. Es handelt sich um die Erwartungen, die nicht durch Entscheidungen eindeutig fixiert wurden und das Handeln der Mitglieder formal strukturieren. Insofern kann man informalen Strukturen auch als „nicht entschiedene Entscheidungsprämissen" in Organisationen bezeichnen (Luhmann 2000, S. 239). Dabei handelt es sich beispielsweise um kurze Dienstwege, ungeschriebene Gesetze, funktionale Regelabweichungen oder kollegiale Erwartungen, die sich in die Lücken der formalen Struktur schmiegen. Mit Blick auf Führung ist es spannend, inwiefern sich im Schatten der formalen Struktur informale Führungsrollen ausbilden und welche informalen Einflussmittel für Führung genutzt werden. Man denke nur an Personen, die im Organigramm nicht prominent vorkommen, aber dennoch regelmäßig konsultiert werden, oder den Zugang zu Netzwerken und damit einhergehende Informationsvorsprünge, die nützlich sein können, um situativ für Gefolgschaft zu sorgen.

Während lange Zeit angenommen wurde, dass die formale Struktur die Seite ist, die die Organisation gegenüber Beobachtern präsentiert, geht man inzwischen davon aus, dass Organisationen neben der formalen und informalen Seite immer auch eine Schauseite ausbilden (siehe dazu Kühl 2020, S. 77 ff.). Diese Schaustruktur der Organisation besteht aus Erwartungen, die lediglich dem Legitimationsgewinn in der Umwelt der Organisation dienen. Sie kann Elemente der Formalstruktur beinhalten, besteht aber häufig zu erheblichen Teilen aus allgemeinen Wertformulierungen, die nach außen die Organisation attraktiv erscheinen lassen. Organisationsmitgliedern dient sie nur grob als Orientierungspunkt. Solche Organisationsfassaden sind nicht einfach vorhanden, sondern müssen auf- und ausgebaut, regelmäßig gepflegt und bei Bedarf ausgebessert werden (Luhmann 1964, S. 113). Ihre Pflege zeigt sich in den Bemühungen von Organisationen, in Leitbildern, Präsentationen, Stellen- und Imageanzeigen ein positives Bild der Organisation zu zeichnen. So präsentieren sich selbst Organisationen mit einer ganzen Reihe von Hierarchiestufen im Organigramm gerne als hierarchiearm oder formulieren gerade Organisationen mit militärisch agierenden Vorgesetzten ausgefeilte Beschreibungen von kollegialer Führung auf Augenhöhe.

Die drei Seiten werden in Bezug auf die Führung in Organisationen unterschiedlich relevant. Auf der Schauseite werden Leadership Principles ausdifferenziert: Werte, die für gute Führung stehen. Auf der formalen Seite legt man Vorgesetzte fest und bestimmt damit, wem gefolgt werden muss. Man definiert über Stellenbeschreibungen, was den Aufgabengebieten von Führungskräften und Mitarbeitenden entspricht und was eher nicht. So gehört die Anweisung, eine Präsentation zu erstellen, möglicherweise zum Aufgabenspektrum des Sekretärs. Die Geburtstagsgeschenke für die Kinder des Chefs zu besorgen ist formal vermutlich eine Grenzüberschreitung. Auf der informalen Seite gibt es nicht nur heimlich Herrschende, mit denen man sprechen muss, wenn man zum Beispiel etwas voranbringen will, sondern auch Einflussmittel, die man nutzen kann, um seine eigenen Führungsansprüche durchzusetzen.

Einen zusätzlichen Erkenntnisgewinn bekommt man, wenn man ins Blickfeld nimmt, welche unterschiedlichen Strukturtypen sich ausbilden. Bewährt hat sich dabei eine Ordnung der Typen in Kommunikationswege, Programme und Personal (siehe dazu am ausführlichsten Luhmann 2000, S. 256 ff.). Sie lassen sich nicht nur auf der formalen Seite der Organisation beobachten, sondern auch auf der informalen sowie der Schauseite.

Für die Führungsfrage sind besonders die Kommunikationswege in Organisationen interessant. Durch sie wird zum Beispiel durch Hierarchien festgelegt, in welchem Verhältnis die Mitglieder zueinander stehen. Es wird darüber definiert, wer wem gegenüber mit Verweis auf die formale Struktur Ansprüche stellen und wer Gefolgschaft erwarten darf. Mit Blick auf die Kommunikationswege wird aber auch deutlich, welche Führungsprozesse sich informal im Schatten der formalen Struktur ausbilden. Aber es interessiert in Hinblick auf die Kommunikationswege auch, wie eine Organisation ihre Entscheidungswege nach außen darstellt, um Legitimation in ihrer Umwelt zu produzieren.

Relevant für die Führungsfragen sind weiterhin die Programme in Organisationen. Sie legen fest, was getan werden darf, ohne einen Fehler zu begehen. Zu diesen Programmen gehören etwa Regeln, Routinen oder Strategien. Sie geben Erwartungssicherheit hinsichtlich der Verhaltensanforderungen. Insofern reduzieren sie zunächst mögliche

Führungsbedarfe. In Routinen ist beispielsweise Autorität bereits hineinprogrammiert worden (Luhmann 1964, S. 98 f.). Es ist klar, dass man einen Arbeitsablauf auf eine festgelegte Weise auszuführen hat. Routine entlastet Vorgesetzte von der situativen Ausübung ihrer Autorität.

Die Strukturdimension Personal legt fest, welche Person oder welcher Typ von Personen eine Stelle besetzt. So spielt es eine Rolle, ob als Führungskräfte Generalisten oder Fachleute bevorzugt werden. Wenn die beste Journalistin zur Chefredakteurin oder die beste Ingenieurin zur Leiterin der Forschungs- und Entwicklungsabteilung gemacht wird, bleibt das Fachwissen ein dominantes Einflussmittel. Einen Unterschied macht auch, ob die Führungsposition intern oder extern besetzt wird. Eine Person, die ihre ganze Karriere in der Organisation verbracht hat, kann über Jahre aufgebaute Netzwerke nutzen, ist diesen aber auch verpflichtet. Eine Person, die von außen kommt, muss weniger Rücksicht nehmen, hat aber anfangs keine starke Hausmacht, auf die sie sich stützen kann.

Bei allen Strukturdimensionen der Matrix handelt es sich um Erwartungsstrukturen, deren Aufgabe es ist, Unsicherheit zu reduzieren. Aber allen Versuchen zum Aufbau organisationaler Strukturen zum Trotz entsteht in Organisationen weiterhin ein Führungsbedarf, denn nicht alles lässt sich formalisieren. Führung wird deswegen zu einer Leistung des Systems, die nur dann nötig wird, wenn Verhaltenserwartungen widersprüchlich, unklar oder nicht mehr adäquat sind.

2

Führung – jenseits eines zweckrationalen Organisationsverständnisses

Wenn in Organisationen über Führung gesprochen wird, dann findet in den meisten Fällen eine irritierende Eingrenzung statt. Wenn nach Eigenschaften von Führungspersönlichkeiten gefragt wird, denkt man in der Regel an die Übernahme von hierarchischen Positionen in Organisationen. Wenn Führungstrainings angeboten werden, dann können sich nur Organisationsmitglieder melden, die eine Vorgesetztenposition einnehmen oder zumindest in Zukunft einnehmen sollen. Wenn von Führungsproblemen in einer Organisation gesprochen wird, geht man in der Regel davon aus, dass Vorgesetzte nicht in der Lage sind, ihre Anweisungen gegenüber den Mitarbeitenden durchzusetzen. Kurz – Führung wird ausschließlich als Einflussnahme von oben nach unten, als Top-down-Geschehen gesehen.

Diese Einengung von Führung in Organisationen auf die Führung durch Vorgesetzte mag in der Praxis spontan plausibel erscheinen, ist aus soziologischer Perspektive aber erst einmal überraschend. Wenn man davon ausgeht, dass die

Führung je nach Situation wechseln kann, leuchtet es nicht ein, weswegen in Organisationen die Führung bei einzelnen Personen monopolisiert sein sollte. In Organisationen scheint es einen Mechanismus zu geben, der dazu führt, dass Praktikerinnen und Praktiker bei Führung in Organisationen zuallererst an die Führung durch Vorgesetzte denken und der soziologische Gedanke, dass im Prinzip jedes Mitglied führen kann, irritierend wirkt.

Wie kommt es zu dieser überraschenden Engführung von Führung auf Hierarchie und wie funktioniert der Mechanismus, der dazu führt, dass Führung in Organisationen von Vorgesetzten erwartet wird?

2.1 Die Engführung von Führung auf Hierarchie

Im Prinzip könnten Organisationen die Ausbildung von Führung dem freien Spiel der Mächte überlassen. Die Führungsansprüche würden je nach Situation immer wieder wechseln. Abhängig von der Lage würde mal das eine, mal das andere Mitglied in Führung gehen. Es könnten sich zwar Erwartungen einschleichen, dass immer die gleiche Person in Situationen hoher Erwartungsunsicherheit in Führung geht und sich so eine Art informale Rangordnung ausbildet. Diese Rangordnung wäre aber sehr fragil, und es gäbe keine Garantie, dass sie bei jeder Entscheidung neu ausgerangelt wird. Es gibt Organisationen, die versuchen, mit einer permanent fluktuierenden Führung zu experimentieren. Anarchistische Basisorganisationen, religiöse Sekten oder Start-ups in der frühen Wachstumsphase sind Beispiele für Organisationen, die versuchen, formalisierte Rangordnungen zu verhindern. Nicht selten bilden sich gerade in ihnen sehr schnell ausgeprägte informale Rangordnungen mit extremem Einfluss einzelner Personen auf die Entscheidungsfindung aus, ohne dass diese aber für die Entscheidungen eindeutig verantwortlich gemacht werden können (siehe für gute dokumentierte religiöse und politische Beispiele Lalich 2004; für wirtschaftliche Laloux 2014).

Aber auch wenn es einzelne Versuche von Organisationen zum Verzicht auf formalisierte Rangordnungen gibt (siehe dazu beispielsweise Nutzinger 1979), so greift doch die überwiegende Anzahl von Organisationen auf Hierarchien als Mechanismus zur Formalisierung von Führungsansprüchen zurück. Auch wenn versucht wird, die Hierarchie mit visuellen Darstellungen in Form von Kreisdiagrammen statt Organigrammen durch das Umdrehen von organisationalen Pyramiden oder durch Kampagnen der dienenden Führung zu kaschieren, so findet sich kaum eine Organisation, die auf Hierarchien verzichtet.

Alle Organisationen bilden eine in der einen oder anderen Form formale Hierarchie aus, jedenfalls wenn die Organisation so groß ist, dass nicht mehr alle Mitarbeitenden um einen Küchentisch passen. In einigen Organisationen sind die Hierarchien leicht zu erkennen, weil sie in den Organigrammen abgebildet sind und die Mitglieder deswegen keine Schwierigkeiten haben, genau zu bestimmen, wer die durch Hierarchie definierten, eigenen Vorgesetzten sind und welche Mitarbeitenden hierarchisch untergeordnet sind. Andere Organisationen kaschieren Hierarchie dadurch, dass sie sich als cheffreie Unternehmen präsentieren, aber die Mitarbeitenden genau wissen, wer wie viel Kapital am Unternehmen hält und damit faktisch jederzeit die Rolle des Chefs ausüben kann (siehe für ein typisches Beispiel dieser Präsentation einer vermeintlich cheffreien Organisation durch den Chef selbst Pflüger 2009).

Die Generalisierungsleistung von Hierarchien
Der Clou der Hierarchie besteht darin, dass die Führungsansprüche in Organisationen nicht jederzeit neu aus-

gehandelt werden müssen, sondern in zeitlicher, sachlicher und sozialer Hinsicht generalisiert werden (maßgeblich dazu Luhmann 1964, S. 161 f.). Generalisierung bezeichnet den Prozess, mit dem eine Orientierung von einem Einzelereignis unabhängig gemacht, von der Tagesform befreit und gegenüber Störungen immunisiert wird (Luhmann 1964, S. 55 f.). Das mag auf den ersten Blick kompliziert klingen, wird aber schnell deutlich, wenn man sich im Einzelnen anschaut, wie Führungsansprüche in Hierarchien generalisiert werden (siehe zum folgenden Kühl 2020, S. 59 f.).

Hierarchien sorgen für eine *zeitlich* unbegrenzte Folgebereitschaft. Es existieren zwar temporäre Führungsstrukturen wie die Vertretung durch Stellvertretende, Interimsmanagement oder projektbezogene Führungsrollen, doch grundsätzlich dürfen Organisationsmitglieder davon ausgehen, dass die hierarchische Ordnung beständig ist. Die Führungsperson von heute wird mit hoher Wahrscheinlichkeit auch morgen ihre Position innehaben. Es wäre für niemanden verwunderlich, wenn die Führungskraft, die heute Anweisungen gibt, am folgenden Tag weiterhin Aufgaben wie die Anfertigung eines Berichts, die Planung eines Meetings oder sogar das Holen eines Kaffees verteilt. Im Umkehrschluss würden Organisationsmitglieder stark irritiert reagieren, sollte sich die Führungskraft plötzlich nicht mehr ihrer Rolle entsprechend verhalten.

Die Hierarchie legt darüber hinaus eindeutig fest, wer wem in der Organisation *sozial* unterstellt ist. Durch ein hierarchisch gegliedertes Organigramm werden wesentliche soziale Beziehungen zwischen allen Mitgliedern festgelegt. Organigramme tragen so zur Koordination des Verhaltens der Organisationsmitglieder bei. Zwar kommt es in Organisationen gelegentlich vor, dass Mitglieder unsicher sind, welcher Führungskraft sie unterstehen, oder dass Unklarheit darüber besteht, wer für ein bestimmtes Mitglied verantwortlich ist. Solche Unsicherheiten in der sozialen Zuweisung können jedoch in der Regel zügig geklärt werden. Bestehen Widersprüche oder Unklarheiten bei der Zuweisung von Mitgliedern fort, obliegt es der übergeordneten Instanz, für Klärung und Ordnung zu sorgen.

Die Hierarchie ordnet zudem die *sachlichen* Zuständigkeiten innerhalb der Organisation. Dies geschieht sowohl horizontal, also zwischen den Abteilungen auf derselben Hierarchieebene, als auch vertikal, entlang der verschiedenen Hierarchieebenen. Grundsätzlich besteht dabei die Option, dass Themen von den unteren Ebenen nach oben eskaliert werden können. Obwohl Führungskräfte nur in Ausnahmefällen eingreifen und Verantwortlichkeiten, die eigentlich dezentral angesiedelt sind, an sich ziehen sollten, bewahren sie sich stets die grundsätzliche Möglichkeit und das formelle Recht, jede Entscheidungssituation auf den unteren Ebenen zu übernehmen und in einen Bereich von oberster Priorität umzuwandeln.

Wie kommt es, dass diese Generalisierung von Führungsansprüchen in Organisationen allgemein akzeptiert wird?

Die Anerkennung der organisationalen Hierarchie als Mitgliedschaftsbedingung
Die Stabilität der Führungsstrukturen in Organisationen wird dadurch gewährleistet, dass die Akzeptanz zu einer Voraussetzung für die Mitgliedschaft erhoben wird. Wer einer Organisation beitritt und Teil von ihr bleiben möchte, ist aufgefordert, den Anordnungen seiner Führungskraft Folge zu leisten, selbst wenn die Logik hinter einer spezifischen Anweisung nicht unmittelbar ersichtlich ist. Die Effektivität dieses Prinzips lässt sich durch ein einfaches Experiment zur Krisenbewältigung illustrieren: Man braucht nur seinem Vorgesetzten mitzuteilen, dass man in Zukunft seine Anweisungen nicht mehr befolgen wird. Die

darauffolgenden Reaktionen innerhalb der Organisation verdeutlichen eindrucksvoll die Stärke des Formalisierungsmechanismus.

Weil es Organisationen durch Hierarchie möglich ist, grundsätzlich darüber zu entscheiden, wer das Sagen hat und von wem Gehorsam verlangt wird, entlasten sie sich von der situativen Aushandlung von Führung. Dafür wird die Rolle von Vorgesetzten definiert und formal niedergelegt, was diese beinhaltet. In Stellenbeschreibungen und über Organigramme wird fixiert, wer von wem und in welchem Umfang Gehorsam verlangen kann. Es gilt nicht mehr das überzeugend vorgetragene Argument oder das In-Aussicht-Stellen von Gegenleistungen, sondern schlicht die Vorgesetztenstellung. Das hat eine wichtige Konsequenz für das Führungsverständnis: Werden Anweisungen ohne Weiteres ausgeführt, handelt es sich nicht um Führung – sondern bloß um eine funktionierende Hierarchie. Gibt ein Chef seinem Assistenten die Anweisung, einen Flug zu buchen – und er bucht, dann war das keine Führungsleistung. Es gab keinen Moment der Erwartungsunsicherheit darüber, wer den Flug bucht, wer Anweisungen empfängt und wer welche gibt.

Sehr häufig muss aber Hierarchie situativ über Führung durchgesetzt werden. Nicht immer werden formale Anweisungen anerkannt und umgesetzt. Der Sekretär könnte gute Gründe haben, die Flugbuchung heute nicht auszuführen – ein Streik am Flughafen, eine bessere Möglichkeit, seine Ressourcen einzusetzen, oder ein noch wackelnder Termin. Wenn er sie vorbringt, entsteht zunächst Erwartungsunsicherheit darüber, wie richtig zu entscheiden ist. Der Anweisung aus der Hierarchie wird eine sachliche Begründung entgegengesetzt. Erst jetzt öffnet sich für beide Beteiligten die Möglichkeit, in Führung zu gehen. Der Chef kann sich mit Verweis auf seine hierarchische Position durchsetzen – dann hat er geführt – und lebt mit dem ausfallenden Flug oder dem abgesagten Termin. Der Assistent kann sich ebenfalls mit seinen Argumenten durchsetzen – dann hat er geführt und lebt damit, dass er zwar recht hatte, aber auch die Gefolgschaft verweigert hat. „Man kann", so der Gedanke von Niklas Luhmann (1964, S. 37), „als Mitglied der Organisationsführung die Gefolgschaft nicht verweigern, ohne selbst einen Anspruch auf Führung zu erheben." Auch Vorgesetzte müssen in vielen Fällen situativ führen, um Anweisungen durchzusetzen. Führung wird trotz der durch Hierarchie zur Verfügung stehenden Generalisierungsleistung nötig und damit zu einer *zusätzlichen* Leistung des Systems, über die situativ Einfluss genommen wird.

Die Vorzüge generalisierter Führungsansprüche
Die Bedingung, Hierarchie als Teil der Mitgliedschaft zu akzeptieren, hat einen signifikanten Effekt: Führungskräfte müssen sich nicht zwingend auf die persönliche Wertschätzung ihrer Untergebenen als Grundlage ihrer Einflussnahme verlassen (siehe Luhmann 1964, S. 209). Es entfällt für Vorgesetzte die Notwendigkeit, in jeder Situation die Logik hinter einer Anweisung zu erläutern – egal, ob es sich um die Durchführung einer riskanten militärischen Aktion, die Entwicklung eines innovativen Brotaufstrichs oder die juristisch heikle Bekämpfung von Urheberrechtsverletzungen handelt. Dadurch hat die Organisation die Möglichkeit, Personen auf eine Führungsposition zu setzen, wenn diese zwar fachlich geeignet, sie aber nicht zum Charismatiker geboren sind.

Dieser Gedanke – die Entlastung von der Achtung der Untergebenen durch Hierarchie – führt bei Verfechtern moderner Führungskonzepte in der Regel zu heftigen Protesten. Wenn der Gründer eines Internetversandhändlers mit seinen Managern während des Weihnachtsgeschäfts an den Fließbändern eines seiner Logistikzentren aushilft, dann stelle dies doch ein deutliches Zeichen dafür dar, wie wichtig es sei, vorbildhaft für seine Untergebenen zu handeln. Ein Vorgesetzter, der nur aufgrund seiner hierarchischen Stellung, aber nicht aufgrund seiner Person geachtet wird, könne, so die Suggestion der Führungsliteratur, in der Organisation nichts bewirken. Jede Erfahrung in Organisationen zeige, dass man seine Untergebenen von der Sinnhaftigkeit einzelner Anweisungen überzeugen müsse (vgl. für eine Autorin mit der immer gleichen Wiederholung dieses Gedankens zum Beispiel Höhler 2002). Das immer mal wieder populäre Konzept der charismatischen, transformationalen Führung setzt genau an dieser Stelle an. Es geht davon aus, dass nur mit einem mitreißenden, transformationalen Führungsstil die echten Potenziale der Mitarbeitenden entfaltet werden können (siehe für eine Kritik Muster 2020).

Sicherlich – es spricht wenig dagegen, wenn Mitarbeitende ihren Vorgesetzten auch persönliche Achtung entgegenbringen oder sie Anweisungen ausführen, weil sie von ihrer Richtigkeit überzeugt sind. Aber dies wird häufig nur in Schönwetterphasen der Organisation der Fall sein, wenn die Geschäfte gut laufen, keine einschneidenden Restrukturierungsmaßnahmen notwendig und die Mitarbeitenden sich ihrer Position sicher sind. Organisationen könnten nicht langfristig existieren, wenn ihre Mitglieder nur bereit wären zu folgen, wenn sie der Vorgesetzte auch persönlich mitreißt oder sie die Sinnhaftigkeit der Anweisungen sofort erkennen. Auch überfordert dieser Anspruch an charismatische Führung die aus der Fachkarriere entstammende Führungskraft ebenso wie die Mitarbeitenden, die sich den Motivationsreden der Führungskräfte ausgesetzt sehen.

2 Führung – jenseits eines zweckrationalen ...

In den idealisierten Konzepten von Organisationen wird die Orientierung am Markt, an den Kunden oder am Gesetz stets gekoppelt an das Bestreben, das Wohlbefinden jedes einzelnen Mitarbeitenden zu fördern. In feierlichen Ansprachen betonen Führungskräfte von Unternehmen oder Spitzen von Behörden regelmäßig, dass „motivierte und inspirierende Mitarbeitende" das zentrale Element darstellen, um „zufriedene Kunden" zu erzielen. Ebenso verlautbaren Gewerkschaftsvertreter – wenn auch mit leicht veränderter Argumentationslinie –, dass die Erreichung der Ziele von Unternehmen, Verwaltungsorganen, Justizvollzugsanstalten oder Militäreinheiten nicht allein durch angemessene Bezahlung der Arbeit, sondern auch durch ein positives Empfinden der Mitarbeitenden gegenüber ihrer Organisation möglich sei.

Das Organisationsleben ist jedoch kein Ponyhof. Die Ausrichtung des Vorgesetzten kann sich nicht vorrangig auf eine „wohlwollend autoritative" Fürsorge für die Mitarbeitenden konzentrieren, sondern muss auch die Anforderungen von Kunden, Klienten oder Wählern berücksichtigen (Luhmann 1964, S. 210). Oftmals geraten die von „außen" an die Organisation herangetragenen Bedürfnisse in Konflikt mit den von „innen" – von den Beschäftigten – geäußerten Erwartungen. Klienten streben nach möglichst kostengünstigen Dienstleistungen, während Mitarbeitende eine faire Entlohnung ihrer Arbeit erwarten. Kunden fordern idealerweise ständige Erreichbarkeit innerhalb der Organisation, wohingegen die Beschäftigten ihre Arbeitszeit begrenzt wissen möchten.

Hierarchien ermöglichen es Organisationen, sich den jeweiligen externen Anforderungen anzupassen, ohne stets die Sensibilitäten ihrer Mitglieder berücksichtigen zu müssen. Firmen haben die Möglichkeit, zu entscheiden, welche Märkte sie erschließen möchten, ohne zwangsläufig in Betracht ziehen zu müssen, ob ihre Angestellten gewillt sind, für diese Vorhaben umzuziehen. Ministerien können sich darauf fokussieren, mit welchen Gesetzesentwürfen die Reformen bestmöglich umgesetzt werden können, ohne darauf Rücksicht zu nehmen, ob die Fachebene die gleiche politische Linie verfolgt.

Indem Hierarchien die Notwendigkeit reduzieren, dass Führungskräfte auf die „persönliche Achtung" ihrer Mitarbeitenden angewiesen sind, eröffnen sie dem Management die Freiheit, auch unpopuläre Entscheidungen zu fällen, die vorhandene Erwartungen durchbrechen (siehe Luhmann 1964, S. 209; Luhmann 2000, S. 322). Dies ermöglicht es der Unternehmensleitung, Produktionsstätten ins Ausland zu verlegen, ohne die Einwilligung der betroffenen Belegschaft zu benötigen. Sie dürfen neue Fertigungsverfahren implementieren, selbst wenn dadurch das Fachwissen langjähriger Mitarbeitender entwertet wird.

Die Fähigkeit von Hierarchien, innerhalb von Organisationen einen Neubeginn zu ermöglichen, tritt besonders im Vergleich zu jenen Organisationen hervor, die aus politischen Gründen oder aufgrund der Unfähigkeit, ihre Mitglieder zu entlohnen, kaum auf hierarchische Strukturen zurückgreifen können. Solche Organisationen neigen dazu, am Bestehenden festzuhalten. Für sie ist es oft schwierig, grundlegende Veränderungen vorzunehmen. Wie die empirische Organisationsforschung zeigt, haben im Gegensatz dazu Organisationen mit stark ausgeprägten Hierarchien eine größere Fähigkeit, tiefgreifende Veränderungen rascher und effektiver durchzuführen (siehe dazu auch March und Simon 1958, S. 194 ff.; Luhmann 1964, S. 209).

Betonung von Formalität oder Informalität im Führungsdiskurs

Es lassen sich im Managementdiskurs zwei grundlegend verschiedene Vorstellungen von Strukturbildung unterscheiden. In der einen Variante wird versucht, Effizienz, Effektivität und Innovation von Organisationen durch ein Höchstmaß an Formalität zu erlangen, während in der anderen zur Erreichung dieser Ziele auf ein Höchstmaß an Informalität gesetzt wird. Wenn man sich an der Vorliebe in der Managementliteratur für auf einen Buchstaben reduzierte Modellbezeichnungen orientieren will – „Modell X", „Modell Y", „Modell J" –, dann könnte man an dieser Stelle von einem „Modell F" und einem „Modell I" als dominante Varianten im Managementdiskurs sprechen (siehe dazu Kühl 2023, S. 21 ff.).

„Modell F" hat das Ziel, über genaue Rollendefinitionen möglichst viele Verhaltenserwartungen an die Organisationsmitglieder formal zu fixieren. Das Erfolgsrezept wird in der immer weiteren Detaillierung und Perfektionierung formaler Rollenerwartungen gesehen. Die Existenz von an Personen gebundenen, informalen Erwartungen in Organisationen wird zur Kenntnis genommen, angestrebt wird aber, möglichst viele von diesen in formale Rollenerwartungen zu übersetzen. Die Menschen sollen, so die traditionelle Darstellung, wie Rädchen im Getriebe der Organisation funktionieren. Die Metaphern, die für dieses Organisationsmodell verwendet werden, sind daher konsequenterweise Maschine, Mechanismus, Apparat oder Betriebssystem (siehe dazu Morgan 1986, S. 19 ff.).

„Modell I" vertraut demgegenüber darauf, dass sich auf Basis von Personenvertrauen möglichst viele Erwartungen in Organisationen informal ausbilden (siehe beispielsweise Toffler 1971; Mintzberg und McHugh 1985; Peters 1993; Ciborra 1996). Die Erfolgsformel besteht darin, dem Drang zu einer immer weiteren Durchformalisierung der Verhaltenserwartungen in fortschreitend detaillierter werdenden Rollenbeschreibungen zu widerstehen. Die Notwendigkeit formaler Rollenerwartungen wird zwar nicht negiert, aber diese sollen lediglich einen Rahmen für die auf Personenvertrauen basierenden, informalen Erwartungen bilden. Die Menschen sollen, so die Kurzformel, im Mittelpunkt der Organisation stehen. Die Metaphern, die für dieses

Organisationsmodell verwendet werden, sind Organismus, Gemeinschaft, Lebenswelt oder Kultur (siehe dazu Morgan 1986, S. 39 ff.).

Man sieht sehr deutlich, wie in den Führungsmodellen entweder der Schwerpunkt auf die Potenziale der Formalität oder der Informalität gelegt wird. Nicht nur die Geschichte von Organisationskonzepten wird als ein Hin- und Herwechseln zwischen Formalität und Informalität beschrieben, sondern auch die Geschichte von Führungskonzepten. Manchmal sind die Führungskonzepte dabei unmittelbar mit den Organisationskonzepten verknüpft, manchmal wurden sie unabhängig von diesen in die Diskussion eingebracht.

Im an Formalität orientierten Führungsmodell – dem Modell F – wird die Stärke von Führung in Organisationen durch die Bindung aller Organisationsmitglieder an hierarchische Weisungen herausgestellt. Es wird als hilfreich zugestanden, für Ziele der Organisationen zu begeistern, Visionen zu entwickeln und Mitarbeitenden gegenüber zugewandt zu sein, aber letztlich können sich Vorgesetzte darauf verlassen, dass das Befolgen ihrer Weisungen Teil der formalen Mitgliedschaftsbedingung ist (siehe zum Typus der legalen Herrschaft Weber 1976, S. 124 ff.). Die Begriffe, mit denen Personen in den formal herausgehobenen Führungsrollen bezeichnet werden, sind Boss, Chef, Hierarch, Vorgesetzter oder Führungskraft.

Im an Informalität orientierten Führungsmodell – dem Modell I – wird herausgestellt, dass Führer ihre Anhänger begeistern sollen (siehe kritisch dazu Yukl 1999). Sie sollen Anhängern den Sinn – den Purpose – ihrer Tätigkeiten deutlich machen, ihre Vision für die Zukunft der Organisation verdeutlichen und sie motivieren. Dabei dürfen deren Bedürfnisse nicht aus den Auge verloren werden (siehe nur beispielhaft für Plädoyers Gerken 1991, S. 89). Dass Führung in Organisationen durch die Einbindung in formale Weisungsbefugnisse abgestützt wird, wird eher stillschweigend vorausgesetzt, für die Durchsetzung von Erwartungen aber nicht als zentral angenommen. Diese Konzeption findet ihren Ausdruck in den Führerbezeichnungen Berater, Coach, Vorbild, Lehrer oder Diener (siehe dazu Bass 1985, S. 27).

Im Konzept des Taylorismus Anfang des 20. Jahrhunderts wurde die Durchprogrammierung der Arbeitsprozesse mit dem Konzept der formalen Weisungsbefugnisse von Vorgesetzten kombiniert. Als Reaktion auf das tayloristische Konzept wurde in der Werkgemeinschaftsidee, also der Ideologie der nationalsozialistischen Betriebsgemeinschaft und dem Organisationskonzept der Human Relations, in den ersten Jahrzehnten des 20. Jahrhunderts darauf gesetzt, dass sich Führung aufgrund von Eigenschaften herausragender Persönlichkeiten herausmendelt. Die am Vorbild von politischen und religiösen Bewegungen gewonnene Idee der charismatischen Führung war eine Bezeichnung dafür. In dem wieder stärker auf Formalität setzenden Modell des Managements über Zielvereinbarungen wurde – Stichwort transaktionale Führung – die Funktion von Vorgesetzten in der Formulierung formal verbindlicher Ziele und der Erreichungskontrolle gesehen. Es wurde betont, dass Führung nicht vom Charisma abhängt und viele berühmte Führer erstaunlich wenig Charisma hatten (in dem Sinne Drucker 1992, S. 102). Mit Betonung der Organisationskultur wurden wieder Aspekte wie die Visionskraft, die Begeisterungsfähigkeit, die Vorbildfunktion und die Fürsorgefähigkeit von Vorgesetzten hervorgehoben. Weil sich der Begriff der charismatischen Führung nicht zuletzt durch die Assoziation mit dem Nationalsozialismus verbraucht hatte, wurden dafür Begriffe wie begeisternde, visionäre oder transformationale Führung erfunden.

2.2 Der blinde Fleck bei der Reduzierung von Führung auf Hierarchie

Das auf Hierarchie festgelegte Führungsverständnis ist Ausdruck eines zweckrationalen Verständnisses von Organisationen. Es geht davon aus, dass Führungsleistungen in erster Linie auf den „Zweck" der Organisation einzahlen. Schließlich, so die Auffassung, sei dieser Urzweck der Grund für die Existenz der Organisation und gilt als Richtschnur allen organisatorischen Handelns. Ganz gleich, was der Zweck der Organisation ist – die Produktion von Waschmaschinen, die Bearbeitung von Rentenanträgen, die Verwahrung von Straftätern oder die Durchsetzung von mehr Klimaschutz –, die Existenzberechtigung von Organisationen wird in diesem Verständnis *nur* in der Erfüllung dieser Zwecke gesehen.

Die Parallelschaltung von Zweck- und Hierarchiestruktur
Gemäß dem Verständnis von Organisationen kann deren Hauptziel in mehrere Unterziele aufgegliedert werden. Dadurch ist es möglich, innerhalb von Organisationen komplexe Ketten aus Zwecken und Mitteln zu erstellen, bei denen jeder Zweck nur als Mittel zur Erfüllung eines übergeordneten Ziels dient. Dieses Ziel ist wiederum nur ein Element in einer Abfolge weiterer Ziele.

In dieser vereinfachten Auffassung von Organisationen wird jeder Zweck – egal, ob Hauptzweck, Zwischenzweck oder Unterzweck – einer bestimmten Position innerhalb der Hierarchie zugeordnet. Die Struktur aus Zwecken und Mitteln wird so mit der hierarchischen Gliederung synchronisiert (vgl. dazu bereits Weber 1976, S. 125). Die Führungskräfte auf der höchsten Ebene legen fest, auf welche Art und Weise die Organisation ihre Ziele erreichen soll. Die dafür notwendigen Handlungen als Mittel zum Zweck werden anschließend den nachgeordneten Mitarbeitenden als Aufgaben übertragen. Diese geben wiederum Teilaufgaben an die nächstniedrigeren Ebenen weiter, bis die unterste Ebene der Hierarchie, also die direkte Ausführungsschicht, erreicht wird. Die hierarchische Positionsstruktur reflektiert somit lediglich die „Ordnung von Zwecken und Mitteln" innerhalb einer Organisation (siehe Luhmann 1973, S. 73).

Das Übersehen der Folgeprobleme von Führung

Durch die „Parallelschaltung" der Zweck-Mittel-Relation mit der hierarchischen Oben-Unten-Unterscheidung entstehen übersichtliche Organisationsanalysen, die aber mit der organisatorischen Realität wenig zu tun haben. Mit dem Fokus auf Hierarchie gerät Führung im eigentlichen Sinne sogar aus dem Blick. Die Organisation erscheint als durchorganisierte Maschine, Führungskräfte sind eins von vielen Rädchen im Getriebe. Dabei wird übersehen, welche subtilen Taktiken, kleinen Praktiken oder mehr oder minder geschickte Manöver des Führens es braucht, um Organisationen trotz ihrer Strukturen am Laufen zu halten. Es wird vernachlässigt, welche Führungsnotwendigkeiten sich im Schatten der Hierarchie ausgebildet haben (siehe dazu Kühl 2017, S. 9.) So verdunkelt das zweckrationale Organisationsverständnis nicht nur die Notwendigkeit von Führung, darüber hinaus geraten die Folgeprobleme von Führung aus dem Blick. Das zweckrationale Organisationsverständnis übersieht, dass Führung in Organisationen im Prinzip zwar Unsicherheit reduziert, dabei aber gleichsam ein unsicherer Lösungsmechanismus für die Organisation selbst ist.

Führung, so das erste Folgeproblem, ist eine Orientierungsleistung, die über Personen motiviert wird. Führende Personen müssen ihrem Publikum glaubhafte Angebote unterbreiten, die das Folgen als logische Konsequenz erscheinen lassen. Der Erfolg solcher Orientierungsangebote ist eng mit ihnen verknüpft. Personen in Führung müssen aus bestimmten Gründen für ihr Publikum glaubwürdig wirken. Viele Einflussmittel sind eng an sie gebunden: Charisma, persönliche Beziehungen oder das richtige Gespür für die angemessenen Worte zum passenden Zeitpunkt spielen eine entscheidende Rolle. Doch auch die Organisation selbst kann unterstützende Mittel bereitstellen wie die

Kontrolle über Ressourcen und den Zugang zu Informationen oder Kunden. Ob jedoch die richtigen Mittel in der jeweiligen Führungssituation mobilisiert werden können, ist von der Person allein abhängig. Sie muss die Erwartungsunsicherheit erspüren, einen Führungsimpuls selektieren und die Einflussmittel in Stellung bringen. Dafür muss sie im Zweifel in der richtigen Situation am richtigen Ort wach genug sein, nicht etwa abgelenkt durch private Probleme oder auf dem Mobiltelefon eingehende Nachrichten.

Organisationen, so das zweite Folgeproblem, haben letztendlich keine Kontrolle darüber, wer in der Praxis die Führung übernimmt. Sie mögen zwar offiziell „Führungskräfte" ernennen, doch ein kurzer Blick in deren Terminkalender reicht oft aus, um die Frage aufzuwerfen, wer tatsächlich wen führt. Bei jedem Briefing, das komplexe Inhalte in zehn PowerPoint-Folien zusammenfasst, oder wenn der obersten Hierarchieebene drei sorgfältig ausgewählte Optionen präsentiert werden und sie lediglich mit „Wir entscheiden uns für die Variante C!" antworten, geschieht zwar Führung – aber von unten nach oben, nicht umgekehrt. Insgesamt wird der Wert von Hierarchien für die Führung oft überschätzt. Organisationen mögen es als verbindlich festlegen, dass bestimmte Mitglieder die Befugnis haben, in offenen Situationen Entscheidungen zu treffen, aber wenn eine Teamleitung ihren Führungsanspruch durch das Hervorheben ihrer Position betonen muss, zeigt sie damit vor allem, wie wenig sie tatsächlich zum Funktionieren der Prozesse beiträgt.

Ein wesentliches Merkmal von Führung als situative Leistung ist das dritte Folgeproblem: ihre Vergänglichkeit. Selbst bei wiederkehrenden Problemen kann die Notwendigkeit einer Orientierungsleistung immer wieder auftreten, sofern diese lediglich durch Führung gewährleistet ist und diese nicht erwartbar wird. Für Führungskräfte äußert sich dies in den typischen „Das hatten wir doch schon"-Diskussionen. Für diejenigen, die nach Orientierung verlangen, scheint die Führung jedoch noch nicht in klarer Form vorhanden zu sein, sodass kein Übergang zur Routine möglich ist. Hier liegt die Herausforderung der Führung: Die Impulse müssen ständig neu gesetzt werden. Dort, wo Probleme bestehen bleiben und mittels Führung nur punktuelle Lösungen angeboten werden, gibt es zunächst nur eine situative Problemlösung.

Wie kann ein Verständnis von Führung aussehen, das auf der einen Seite die Formalisierung von Einfluss in Form von Hierarchien anerkennt, gleichzeitig aber einen Blick dafür hat, dass sich im Schatten der Hierarchie verschiedenste Formen von Führung ausbilden können?

2.3 Die drei Richtungen von Führung in Organisationen

Versteht man die relativ lose Kopplung von Führung und Hierarchie, lassen sich in Organisationen ganz unterschiedliche Führungsrichtungen beobachten, die sonst leicht aus dem Blickfeld geraten. Der Fokus auf Hierarchie im Mainstream der Führungsliteratur führt dazu, dass zwar die in jeder größeren Organisation existierende Oben-Unten-Ordnung betrachtet wird, aber übersehen wird, dass Führung nicht nur von oben nach unten, sondern auch auf der gleichen hierarchischen Ebene und sogar von unten nach oben möglich ist.

Das laterale Führen – die Führung zur Seite
Bereits früh erkannte die Organisationsforschung, dass neben hierarchischen Strukturen auch zur Seite orientierte Führung, also Führung zwischen Organisationsmitgliedern gleicher Hierarchieebene, in Unternehmen, Behörden, Krankenhäusern oder Nichtregierungsorganisationen eine

wesentliche Rolle spielt. Je vielfältiger und dynamischer die Umgebung einer Organisation, je schneller Märkte, Wissensstände und politische Rahmenbedingungen sich wandeln, umso mehr neigen Organisationen dazu, sich zu dezentralisieren. In einem solchen Kontext verlieren hierarchische Steuerungsmechanismen an Einfluss, während laterale Kooperationsformen zunehmend an Bedeutung gewinnen (so schon das Argument von Burns und Stalker 1961; Lawrence und Lorsch 1967).

Laterales Führen zielt auf die Durchsetzung von Verhaltenserwartungen in Situationen, in denen keine Weisungsbefugnis möglich ist, in denen keine Hierarchie zur Verfügung steht. Solche Situationen kommen häufig in Projekten vor, an denen unterschiedliche Bereiche beteiligt sind, in denen aber selbst die Projektleitung keine hierarchischen Befugnisse über die Nachbarbereiche hat. Man denke zum Beispiel an die unternehmensweite Einführung einer Software, eine bereichsübergreifende Reorganisation oder die Umsetzung der globalen Digitalstrategie. Laterales Führen kann aber auch im Tagesgeschäft vorkommen, etwa wenn man sich entlang von Prozessen über Abteilungsgrenzen hinweg verständigen muss oder eine multidimensionale Matrix klassische Über- und Unterordnungen nicht mehr abbildet. Beim Fehlen klarer organisationaler Über- und Unterordnungen wird häufig über Tausch, gemeinsame Interessen oder Macht Einfluss genommen (vgl. Kühl und Schnelle 2003; Kühl und Matthiesen 2012; ausführlich Kühl 2017).

Dabei darf nicht übersehen werden, dass innerhalb von Organisationen das Führen zur Seite in der Regel innerhalb einer hierarchischen Grundstruktur des Führens durch Vorgesetzte stattfindet. Bei der Analyse dieser Prozesse wird deutlich, dass zwar in ihnen einerseits die Weisungskraft der Hierarchie nicht ausreicht, um Prozesse in Gang zu setzen oder maßgeblich zu entscheiden, dass die Hierarchie aber andererseits nach wie vor als Referenzpunkt dient. Auch wenn laterale Kooperationspartner zurückhaltend bei der Einschaltung von Hierarchie sind, so sind doch der Ablauf von Machtspielen, der Aufbau von Vertrauensverhältnissen und die Verständigungsprozesse (auch) durch die prinzipiell mögliche Einschaltung der Hierarchie geprägt.

Die Unterwachung von Vorgesetzten – die Führung durch Untergebene
Eine zweite Führungsrichtung führt entlang der Hierarchie, aber von unten nach oben. Sie wird in der Soziologie als „Unterwachung des Vorgesetzten" bezeichnet (Luhmann 2016). Vorgesetzte schränken die Handlungsspielräume ihrer Untergebenen nicht nur ein, sie lassen sich auch notwendigerweise von ihren Mitarbeitenden für eigene Interessen nutzen. Diese spannen ihre Vorgesetzten ein, um ihre eigenen Verhaltenserwartungen nach oben zu adressieren. Denn Vorgesetzte sind für den Untergebenen ein wichtiges, „vielfältig verwendbares Werkzeug bei der Durchsetzung von Plänen und Absichten". Vorgesetzte dienen dabei als „Verstärker und Stoßdämpfer" (Luhmann 2016, S. 90).

Die Unterwachung von Vorgesetzten erfordert eine hohe Geschicklichkeit der Untergebenen (siehe als Beispiel für eine Vielzahl von Ratgebern Begemann 2009). Die Abstimmung mit Gleichgestellten ist entscheidend, um die Aufmerksamkeit von Vorgesetzten gezielt zu lenken. Einheitliches Handeln unter den Mitarbeitenden kann die Kontrolle über die Problempräsentation gegenüber der Führungsebene stärken. Verfügbare Einflussmöglichkeiten basieren auf der Fähigkeit, Informationen vorzusortieren und Fachkenntnisse einzubringen. Untergebene nutzen ihre Expertise und die Kontrolle über Informationen, um Entscheidungen zu lenken und bei Bedarf Probleme gezielt nach oben weiterzuleiten. Eine Evaluation der Einflussmittel hilft, die richtigen Hebel in der Führungssituation parat zu haben. Strategisches Handeln erfordert Feingefühl, da die formale Entscheidungsmacht bei den Vorgesetzten bleibt. Durch geschickte Unterwachung, eingebettet in vertrauensvolle Zusammenarbeit, können Führungskräfte effektiv „an der langen Leine" geführt werden, ohne ihre Autorität direkt zu untergraben.

Unterwachung hebelt die Hierarchie nicht aus, sie nutzt diese: Mitarbeitende verfügen über das Tauschmittel, ihren Führungskräften den Alltag zu erleichtern. Erfüllt die Führungskraft die Erwartungen ihrer Mitarbeitenden weitgehend, kann sie auf deren Kooperation und Unterstützung im Führungsalltag zählen. Besonders gut unterwachte Führungskräfte werden in der Folge von der Organisationsspitze als „Klassensprecher" belächelt. Lehnt die Führung jedoch Impulse von unten ab, können die Mitarbeitenden ihre Kooperation und ihr Engagement zurückhalten und alle ungelösten Probleme nach oben weiterreichen. In solch einem Fall würde die Führungskraft schnell überlastet und gezwungen sein, den Austausch mit ihren Mitarbeitenden wieder aufzunehmen. Die Möglichkeit, von unten nach oben zu führen, basiert auf der Bedrohung, die Hierarchie mit Entscheidungslasten zu überfordern. Die nüchterne Wahrheit lautet: Ohne die tatkräftige Unterstützung ihrer Untergebenen würden Führungskräfte schnell im Chaos versinken.

Das Konzept der Unterwachung räumt mit dem verbreiteten Missverständnis auf, dass Einflussmittel vor allem an der Spitze der Hierarchie zu finden seien, während man unten in der Hierarchie immer machtloser würde. Konträr zur formalen Hierarchie gibt es diverse Führungschancen, die Verhaltenserwartungen von unten nach oben durchsetzen. Unterwachung trägt so wesentlich zur Leistungsfähigkeit von Organisationen bei, kann aber formal nicht erwartet werden. Untergebene haben jederzeit das formale Recht, die Führung ihrer Vorgesetzten einzustellen und sich auf die Hierarchie zu berufen.

Spurwechsel – typische Anlässe für Führung von Vorgesetzten
Natürlich kommt die in der Managementliteratur dominante Richtung von Führung empirisch auch vor: Auch Vorgesetzte führen, von oben nach unten. Sie müssen ihre Erwartungen nicht selten führend durchsetzen. Typische Anlässe für Führung trotz Vorgesetztenstellung sind die Durchsetzung neuer formaler Erwartungen, das Ersetzen informaler Verhaltensweisen durch formale Regeln, aber auch das Verwirklichen informaler Erwartungen.

Häufig brauchen Organisationen Führung, wenn informale durch formale Verhaltensweisen ersetzt werden sollen. Hierbei kann es sich entweder um bisher geduldete, informale Verhaltensweisen handeln oder um solche, die der Führungskraft bisher nicht bekannt waren. Dieser Spurwechsel von der informalen zurück in die formale Erwartungsstruktur fällt Vorgesetzten besonders schwer, weil sich die im Bereich der „brauchbaren Illegalität" befindlichen Handlungen in der Latenz befinden (Luhmann 1964, S. 304). Auf die Rückfrage „Haltet ihr euch an die Regeln?" wird dem Vorgesetzten vermutlich immer mit „Ja" geantwortet. Zudem übersieht ein schlichtes Wiederholen der Regeln die Funktion der Regelabweichung, die möglicherweise Regelungslücken schließen, schnellere Abstimmungen ermöglichen oder gar Prozesse verbessern kann. Für diese Probleme müssen Führungskräfte andere, mit der Formalstruktur vereinbare Lösungen finden und diese durch situative Führung abstützen.

Führungskräfte sind zudem oft auf informale Führungsmöglichkeiten angewiesen, um Ziele umzusetzen, die zwar nicht formal gefordert, aber dennoch für den Erfolg der Organisation von wesentlicher Bedeutung sind. Man denke z. B. daran, dass Vertriebsleitungen ihre Mitarbeitenden dazu bringen, die von ihnen gesetzten Regeln zum Umgang mit Neukunden in bestimmten Fällen aufzuweichen. Für Führungskräfte ist das ein heikles Spiel, weil sie einerseits dafür sorgen müssen, dass Regeln nicht erodieren, andererseits aber auf die flexible Auslegung der Regeln angewiesen sind. Zudem sind informale Mechanismen auch eine Möglichkeit, sich Gefolgschaft mit formal illegalen Mechanismen zu sichern: zum Beispiel, wenn Führungskräfte trotz Rauchverbots am Arbeitsplatz rauchen, illegales Grillen auf dem Werksgelände durchgehen lassen oder das gemeinsame Mittagessen als dienstliche Bewirtung abrechnen (Gruber 2014, S. 225). So können Erwartungen an das Verhalten von Führungskräften geprägt werden, die sich nicht aus der Hierarchie ableiten lassen und dieser sogar teilweise widersprechen. Für Vorgesetzte bietet das Chancen, sie haben etwas anzubieten: „Gerade der Umstand, dass diese wichtigen und dringend gewünschten Leistungen nicht formalisierbar sind und nicht verlangt werden können, sondern frei erbracht werden, bietet den Ansatzpunkt für die Entwicklung elementarer Führungsleistungen im Schatten der formalen Vorgesetztenstellung" (Luhmann 1964, S. 212). Zwischen Führungskraft und Mitarbeitenden ergeben sich Formen des Tausches, die zu Mehrleistungen führen können.

Neue formale Erwartungen sollen durchgesetzt werden – der Fall eines Technologiekonzerns

In einem Technologiekonzern konnte man beobachten, dass eine Reorganisation die nächste jagte. Der Konzern agierte im Spannungsfeld zwischen Personalabbauzielen und der tariflichen Absicherung der Mitarbeitenden. Reorganisationen waren das Mittel der Wahl, um Personalabbau zu rechtfertigen. Die Organisationsmitglieder hatten sich daran gewöhnt, dass Umstrukturierungen zwar mit schillernden Ankündigungen bezüglich besserer Arbeitsbedingungen daherkamen, aber am Ende mehr Arbeit für weniger Menschen anfiel. Offen darüber sprechen konnte man im Konzern nicht.

Als nach einigen Jahren eine Reorganisation tatsächlich nicht vom Personalabbau getrieben war, sondern dem technologischen Fortschritt folgend neue Geschäftsmodelle möglich machen sollte, glaubte niemand so recht an die Verheißungen. Die Mitarbeitenden der betroffenen Abteilungen nahmen die neue Matrixstruktur zwar widerstandslos hin, handelten aber nicht nach ihr. Hinter vorgehaltener Hand sagte man uns: „Die Matrix sitzen wir aus. Die ist eh nicht ernst gemeint." Was tun, wenn die Reorganisation formal verkündet ist, sie aber niemand einhält? Es blieb nur mühsame, situative Führungsarbeit, die in Einzelinteraktionen immer wieder die neue Struktur aufrichtete und durchsetzte. So lange, bis die Erwartungen der Organisationsmitglieder sich auf neu ausgerichtet hatten.

Einflussmittel

In Organisationen wird typischerweise viel darüber nachgedacht, wer in Führung gehen soll. Verhältnismäßig wenig wird dabei überlegt, wie die entsprechenden Personen denn mit Mitteln für ebendiese Führung ausgestattet werden. Ein klassischer Konflikt zwischen Top- und Mittelmanagement ist es, dass das Topmanagement vom Mittelmanagement Führung erwartet – dieses aber proklamiert, zu wenig Einfluss zu haben. Um in erwartungsunsicheren Situationen Gefolgschaft erzeugen zu können, braucht es Einflussmittel.

Niklas Luhmann bezeichnet als *Einflussmittel* Mechanismen, mit denen Verhaltenserwartungen gegenüber anderen durchsetzen werden können (Luhmann 1964, S. 132). Einflussmittel erhöhen die Wahrscheinlichkeit, dass andere die kommunizierten Verhaltenserwartungen übernehmen. Diese Einflussmittel sind entweder aus der formalen Struktur der Organisation ableitbar (z. B. Urlaubsfreigaben oder Weisungsbefugnisse), haben den Ursprung in informalen Strukturen (z. B. die Zugehörigkeit zu bestimmten organisationalen Cliquen oder Netzwerken) oder sind Merkmale einer Person (z. B. Charisma). Nicht alle diese Einflussmittel sind also so einfach von der Organisation „herbeiorganisierbar". Charismatische Charakterzüge kann man schlecht in Personalentwicklungsmaßnahmen schulen, und informale Ressourcenzugänge sind für die Organisation nicht entscheidbar. Dennoch sind ein großer Teil für Führung vorhandener Einflussmittel durch die Strukturen der Organisation vorgegeben oder können von ihr zum Beispiel über Verständigungsprozesse beeinflusst werden.

Welche Einflussmittel vorhanden sind, hängt von der jeweiligen Organisation ab. Eine Liste von Einflussmitteln zu erstellen ist daher unmöglich. Es lassen sich aber theoriegeleitet Suchscheinwerfer ausmachen, die die Verteilung von Einflussmitteln in der Organisation sichtbar und der Gestaltung zugänglich machen.

Michel Crozier und Erhard Friedberg (1977) formulieren typische Quellen, aus denen Einfluss resultieren kann. Sie nennen diese Quellen Ungewissheitszonen, weil der Einfluss maßgeblich darauf beruht, dass sie ungewiss halten, ob sie ihn geltend machen. Vorgesetzte können ihren auf *Hierarchie* beruhenden Einfluss darauf stützen, formale organisatorische Regeln erlassen zu können, die das Aktionsfeld der Untergebenen einengen oder erweitern können. Über welche Einflussmittel Vorgesetzte verfügen, hängt also maßgeblich davon ab, welche Entscheidungsbefugnisse sie haben. Geben sie Urlaube frei, können sie die Arbeitsabläufe oder Teamzusammenhänge umentscheiden, sind sie es, die Schichten zusammenstellen, oder läuft das zentral über HR? Strukturentscheidungen wie diese schneiden auch die Einflussmittel der Organisation zu und verteilen insofern Führungschancen. Hierarchien ermöglichen aber auch Untergebenen Einflussmittel: die Hierarchie zeitlich mit ungelösten Problemen zu überlasten (Luhmann 2016).

IT-Fachleute oder Marketingspezialisten gewinnen ihre einflussreiche Stellung aus der Beherrschung von für die Organisation relevantem *Expertenwissen*. Nur schwer ersetzbare Sachkompetenz und Spezialisierung führen zu wichtigen Einflussmitteln. Wie also Wissen in der Organisation verteilt und zugänglich gemacht wird, hat viel damit zu tun, wer in erwartungsunsicheren Situationen Einfluss geltend machen kann.

Personen, die *Relaisstellen* zur Umwelt verkörpern, haben Einflussmittel, weil sie einen privilegierten Zugang zu Kundinnen und Kunden, zentralen Zulieferern, wichtigen Kooperationspartnern oder einflussreichen staatlichen Stellen haben. Wie diese Zugänge strukturiert sind, ob sie zentralisiert sind oder für mehrere Organisationsmitglieder zugänglich, bestimmt maßgeblich mit, wer gute Chancen hat zu führen.

Eine letzte Quelle von Einfluss resultiert aus der Kontrolle wichtiger interner Kommunikationskanäle und Informationsquellen. Sogenannte *Gatekeeper*, beispielsweise ein Sekretär oder eine persönliche Referentin, haben Vorsprunginformationen, die sie in Führungssituationen als Einfluss geltend machen können. Wie einzigartig und damit einflussreich solche Informationszugänge sind, wird durch die formalen Kommunikationswege festgelegt.

Will man mithilfe der Suchscheinwerfer einen Blick auf die Verteilung von Einflussmitteln in der eigenen Organisation werfen, kann man sich beispielsweise fragen: Welche Entscheidungsbefugnisse hat die Hierarchie? Wodurch werden die Entscheidungsbefugnisse der Hierarchie begrenzt? Wie ist Wissen in der Organisation verteilt? Wer braucht welchen Zugang zu Expertenwissen? Wie sind Zugänge zu wichtigen Akteuren in der Umwelt gestaltet? Wer braucht welche Informationsvorsprünge oder Kommunikationskanäle, um Einfluss zu generieren?

Die Antworten auf diese Fragen geben Aufschluss darüber, welche Führungschancen wem von der Organisation zur Verfügung gestellt werden. Ob ein Einflussmittel auch Einfluss generiert und Gefolgschaft ermöglicht, hängt dann jedoch von der spezifischen Situation, der Relevanz der Problemstellung oder dem Interaktionsgeschick der Beteiligten ab.

3
Führungssubstitute – Zum Mischpult der Organisation

Ein Großteil der Führungsliteratur beschäftigt sich mit kleineren und größeren Tricks, mit denen eine Person durch geschickte Führung Entscheidungen beeinflussen kann. Hierbei wird erläutert, wie Führungskräfte als motivierende Kommunikatoren, überzeugende Problemlöser und beliebte Leader wirken können (Jachtchenko 2021), wie Führungskräfte durch enge Beziehungen zu ihren Mitarbeitenden in der Lage sind, außergewöhnliche Dinge in ihrer Organisation zu erreichen (Kouzes und Posner 2017), und wie mit mehr Gefühl die Macht emotionaler Intelligenz in Organisationen freigesetzt werden kann (Goleman et al. 2013).

Gegen diese Mischungen aus Erzählungen über erfolgreiche Führungskräfte, Beispielen von Problemen aus der Führungspraxis, kleinen Tipps für die Gesprächsführung und Werkzeugen zur Lösung von Konflikten ist nichts einzuwenden. Weil Führung zu einem erheblichen Teil auf erfolgreicher Einflussnahme in Interaktionen wie Gesprächen, Meetings oder Workshops basiert, hilft es, wenn man sich die eine oder andere interaktionelle Geschicklichkeit zulegt. Dabei kann man sich durch Bücher über Führung, Vorträge auf Konferenzen und Seminare mit Reflexionen zur eigenen Wirkung darin bestärken lassen, dass man bei der Führung nicht durch seine eigene, über lange Jahre entwickelte Persönlichkeit begrenzt ist, sondern man sich auch im mehr oder minder fortgeschrittenen Alter erfolgversprechende Fähigkeiten und Kompetenzen aneignen kann.

Bei aller Nützlichkeit dieser Tipps und Tricks – der organisationale Hebel dieser an der Interaktion ansetzenden Maßnahmen ist gering. Die auf Führungsinteraktion zielenden Bücher, Vorträge und Seminare mögen der einzelnen Person Sicherheit geben, von der auch Untergebene, Kollegen und Vorgesetzte profitieren mögen. Gerade bei Personen an der Spitze können dabei durchaus breite Wirkungen in der Organisation erzielt werden, weil Führungsstile gerne von Untergebenen kopiert werden. Aber letztlich setzen diese Hilfestellungen nur an der Interaktionsgeschicklichkeit einzelner Personen an.

Aus einer organisationstheoretisch informierten Herangehensweise ist deswegen besonders interessant, wie die Gestaltung der Organisationsstrukturen die Möglichkeiten von und die Anforderung an Führung beeinflussen. Die Frage dabei ist, in welcher Form sich die Bedingungen von Führung durch die Veränderung von formalen Strukturen in der Organisation beeinflussen lassen. Begriffe, unter denen Antworten auf diese Frage gesucht werden, sind: „Substitute von Führung in Organisationen" (Kerr 1977, S. 135 ff.; Kerr und Jermier 1978, S. 377 f.), „Mechanismen entpersonalisierter Führung" (Türk 1981, S. 67 f.; Türk 1987, S. 234 f.) oder „funktionale Äquivalente zur Führung in Organisationen" (Luhmann 1964, S. 207).

Der Grundgedanke dieser organisationstheoretisch informierten Ansätze ist simpel. Weil der Grad von Erwartungsunsicherheit variiert, ist auch das Bedürfnis nach Führung unterschiedlich. Wenn es keine Erwartungsunsicherheit, keinen Handlungsdruck gibt, herrscht kaum Bedarf an Führung. Wenn durch Ampeln das Verhalten von Fußgängern, Rad- und Autofahrern eindeutig reguliert wird, ist es nicht nötig, dass jemand in Führung geht. Umgekehrt lässt hohe Erwartungsunsicherheit den Ruf nach Führung lauter werden. Es entstehen Chancen, in Führung zu gehen und so Erwartungsunsicherheit zu reduzieren. Wenn die Ampeln aufgrund einer technischen Störung ausfallen, entsteht Erwartungsunsicherheit, die durch Führung reduziert werden kann.

Mit dem Begriff der Führungssubstitute wird zum Ausdruck gebracht, dass in Organisationen Möglichkeiten bestehen, den Grad der Erwartungsunsicherheit zu beeinflussen. Der Hebel zur Regulierung der Erwartungsunsicherheit ist die Genauigkeit, mit der die formalen Erwartungen fixiert und durchgesetzt werden. Lässt sich über Führungssubstitute jede Verhaltenserwartung an die Organisationsmitglieder passgenau bestimmen, ist die Notwendigkeit für Führung in der Organisation gering. Können aber die genau ausdifferenzierten Verhaltenserwartungen in der Praxis nicht angewendet werden, weil sich der Alltag ganz anders darstellt als in der Planung vorausgedacht, dann steigt der Bedarf an Führung wieder. Muss auf die Fixierung von Verhaltenserwartungen über Führungssubstitute verzichtet werden, dann steigt die Notwendigkeit für Führung an.

In der Forschung werden verschiedene Führungssubstitute listenförmig aufgezählt (siehe zum Beispiel Türk 1987, S. 238 f.; Kerr und Mathews 1987, S. 914): die professionelle Orientierung der Mitarbeitenden, die je nach

Leistung variierenden Lohnzahlungen, die präzise Formulierung von Aufgaben, die technisch abgesicherte Rückmeldung zu erbrachten Leistungen oder detaillierte Prozessbeschreibungen. Solche Listen ermöglichen es, die Vielfalt von organisationalen Phänomenen ins Blickfeld zu nehmen, mit denen die Notwendigkeit der Führung reduziert werden kann. Man kann aber zusätzliche Einsichten produzieren, wenn man bei dem Blick auf Führungssubstitute zwischen den zentralen Typen von Organisationsstrukturen – Programme, Kommunikationswege und Personal – unterscheidet. Denn im Prinzip gilt: Was in Organisationen nicht über Strukturen abgesichert werden kann, muss über Führung geleistet werden. Die Frage, welche Führungsnotwendigkeiten in einer Organisation entstehen und welche nicht, lässt sich zu einem großen Teil über Strukturentscheidungen gestalten. Strukturentscheidungen wiederum können ebenfalls Folgeprobleme mit sich bringen, die es bei der Gestaltung zu antizipieren gilt.

3.1 Die Substituierung von Führung durch Programme

Programme bündeln Kriterien, nach denen entschieden werden muss. Sie legen fest, was man in einer Organisation tun darf und was nicht. Insofern haben Programme die Funktion, bei Fehlern Schuld zurechenbar zu machen und so Vorwürfe in der Organisation zu verteilen. Wenn eine Mitarbeiterin nicht das durch ein Programm vorgegebene Ziel einer 10%igen Umsatzsteigerung erreicht, kann sie zwar Ausflüchte suchen, aber letztlich erlaubt es die Programmierung, den Fehler zuerst ihr zuzurechnen. In Organisationen gibt es dabei zwei prinzipiell verschiedene

Programmtypen: Konditional- und Zweckprogramme (vgl. March und Simon 1958, S. 164 ff.).

Unterschiedliche Formen von Programmen
Konditionalprogramme legen fest, was getan werden muss, wenn in einer Organisation ein bestimmter Impuls wahrgenommen wird. Der oder die Ausführende macht einen Fehler, wenn bei einem eingegangenen Impuls der vorgeschriebene Arbeitsschritt nicht vorgenommen wird, und kann dafür zur Rechenschaft gezogen werden. Umgekehrt gilt, dass bei korrekter Befolgung des Programms nicht der Ausführende für das Ergebnis des Arbeitsprozesses verantwortlich ist, sondern der Entwickler des Programms. Wenn eine Verwaltungsmitarbeiterin einen Antrag ordnungsgemäß bearbeitet, wird sie für das Ergebnis der Programmanwendung nicht zur Rechenschaft gezogen.

Zweckprogramme legen dagegen fest, welche Ziele oder Zwecke erreicht werden sollen. Zweckprogrammierungen findet man häufig an der Spitze einer Organisation, wenn beispielsweise die Herstellung von Fahrrädern als Zweck eines Unternehmens ausgegeben wird oder eine Nichtregierungsorganisation die Ächtung einer bestimmten Art von Landminen als Zweck angibt. Sie werden aber auch weiter unten in der Organisation zur Strukturierung eingesetzt. Bei Zweckprogrammen ist, anders als bei Konditionalprogrammen, die Wahl der Mittel freigegeben: Der angegebene Zweck soll erreicht werden – egal wie. Dabei muss sich die Mittelwahl zwar innerhalb der Grenzen bewegen, die durch die Regeln der Organisation oder auch durch Rechtsvorschriften gesetzt werden. Es gilt die Faustregel: Jedes Mittel, das nicht durch die Organisation (oder gar gesetzlich) verboten ist, ist zur Erreichung des Ziels erlaubt.

Programme und Führung

Das Verhalten von Menschen wird in Organisationen über Programme reguliert (vgl. grundlegend dazu Simon 1957; March und Simon 1958). Besonders wenn Aufgaben stark repetitiv sind oder Ziele bis ins Detail vorgegeben werden können, können bestimmte vorher durch Personen ausgeübte Koordinationsaufgaben durch Programme ersetzt werden. Bestimmte Informationen lösen eine Handlung in der Organisation aus, die auch ohne Anwesenheit der Führungskraft ausgeführt wird.

Zwar gibt es immer wieder Versuche von Organisationsmitgliedern, Programme zu unterlaufen, um ihren eigenen Handlungsspielraum zu erweitern. Insgesamt wird die Organisation jedoch von direkter Kommunikation zwischen Führenden und Mitarbeitenden entlastet. Die Aufgabe von Hierarchie besteht weitgehend darin, die „Unterwerfungsbereitschaft" der Organisationsmitglieder unter die Regeln sicherzustellen (Luhmann 1964, S. 99).

Angesichts der Möglichkeit, über Konditional- und Zweckprogramme Entscheidungsmöglichkeiten und damit auch Führungsnotwendigkeiten zu reduzieren, kann man von der Führung als Lückenbüßer der Organisation sprechen (Luhmann 1971, S. 141). Die ausführende Tätigkeit wird in so kleine, standardisierte Teilschritte zerlegt und in ein so enges technisches und organisatorisches Korsett eingebunden, dass der Führungsbedarf durch Personen stark reduziert wird. Führung wird zu einer Restkategorie für die formal nicht programmierbaren Elemente der Organisation – die verbleibenden Unklarheiten, die Überwachung der Regelbefolgung, die Reaktion auf Störungen und der Umgang mit Abweichungen vom geregelten Ablauf.

Die Substituierung von Führungsnotwendigkeiten durch detaillierte Programmierung

Die Bereitschaft von Organisationspraktikern, sich mit marxistischer Theorie auseinanderzusetzen, ist in der Regel äußerst gering. Sowohl die Publikationen von Karl Marx als auch die Arbeiten in Anschluss an ihn sind in vielen Fällen nicht so einfach gehalten, dass sie sich ohne gewisse Anstrengungen erschließen lassen. Häufig findet sich die Annahme, dass es die kritische Analyse der kapitalistischen Wirtschaft ausschließt, praktisches Wissen über die Funktionsweise von Organisationen zu erhalten. Dabei wird übersehen, dass man gerade aus den marxistischen Debatten interessante Einblicke in Organisationen erhalten kann.

Aufschlussreich für die Substitution von personaler Führung durch formale Strukturen ist die marxistische Debatte über die Kontrolle durch die Gestaltung von Arbeitsprozessen (siehe zum Folgenden ausführlich Kühl 2018, S. 50 ff.). Ausgangspunkt des Labour-Process-Ansatzes ist die Marx'sche Beobachtung, dass es zwei Strategien des Kapitals gibt, um mehr aus dem Arbeiter „herauszuholen": die Ausdehnung der Arbeitszeit, ohne dass der Kapitalist dafür mehr bezahlen muss, und die effektivere Nutzung der eingekauften Arbeitszeit. Diese beiden Strategien zur Steigerung des Mehrwertes stehen miteinander in Beziehung. Wenn die Ausdehnung der Arbeitszeit aufgrund von gesetzlichen Arbeitsschutzbestimmungen oder tariflichen Arbeitszeitregelungen nicht möglich ist, wird „das Kapital" die Intensität der Arbeit erhöhen. Durch eine Verbesserung der Technik und der Arbeitsorganisation soll ein Optimum an Leistung erreicht werden. Gleichzeitig zerstört eine zu hohe Intensität bei zu langer Arbeitszeit die Arbeitskraft. Deswegen mache eine Steigerung der Intensität der Arbeit eine Verkürzung der Arbeitszeit unvermeidlich (vgl. Marx 1962, S. 440).

Ein prominenter Strang der marxistischen Analyse argumentiert, dass die sich immer mehr durchsetzenden Rationalisierungsstrategien dazu dienten, den Produktionsprozess so umzugestalten, dass die Erfahrungen, Kenntnisse und Traditionen des handwerklichen Könnens nicht mehr untrennbar mit der Person des Arbeiters verbunden würden. Das Wissen, das die Arbeiter über Jahrzehnte und Jahrhunderte angesammelt hätten, werde systematisch auf das

Management verlagert. Dies mache den Kapitalisten von den Qualifikationen des Arbeiters unabhängig und ermögliche es, die Arbeitnehmerschaft ganz den Zielen, Vorstellungen und Plänen des Managements unterzuordnen. Der Kapitalist würde mit seinen Rationalisierungsstrategien zwei Fliegen mit einer Klappe schlagen: Erstens verfüge er über eine effiziente Organisationsstruktur, mit der sich der relative Mehrwert kontinuierlich steigern lasse, zweitens ermögliche die Dequalifizierung der Arbeiter und die starke Zergliederung des Arbeitsprozesses eine bessere Kontrolle der Arbeiter (vgl. Braverman 1974, S. 124 ff.).

Mit dieser Verbindung aus Rationalisierungsstrategien und Fragen der Kontrollstrategien des Managements wird direkt an eine bereits von Marx angerissene Spezifik des Arbeitsvertrages angeschlossen. Während in einem simplen Kaufvertrag zum Beispiel beim Erwerb eines Elektrorollers, einer Wärmepumpe oder eines Glases Erdbeermarmelade Leistung und Gegenleistung genau spezifiziert werden, kauft der Arbeitgeber mit einem Arbeitsvertrag Arbeitskraft nur in einer sehr abstrakten Form ein. Der Arbeitnehmer stellt mit dem Unterzeichnen eines Arbeitsvertrags eine Art „Blankoscheck" aus und erklärt sich bereit, seine Arbeitskraft, seine Fähigkeiten und seine Kreativität gemäß der ihm gestellten Aufgabe einzusetzen. Er verzichtet darauf, dass im Detail festgeschrieben wird, worin seine Leistungen bestehen (vgl. Commons 1924, S. 284).

Für den Kapitalisten entsteht dadurch ein Kontrollproblem: Während der Arbeitsvertrag die Leistungen des Arbeitgebers (nämlich die Lohnzahlung) genau spezifiziert, sind die Gegenleistungen der Mitarbeitenden nicht im Detail festgelegt. So kann der Arbeitnehmer versuchen, sich der Leistungserbringung so weit wie möglich zu entziehen. Der Einkauf von Arbeitskraft durch den Kapitalisten – die formelle Subsumtion des Arbeiters – ist deswegen nicht gleichbedeutend mit der realen Nutzung der Arbeitskraft durch das Kapital – der reellen Subsumtion (vgl. Marx 1962, S. 532 f.). Wenn der Arbeitgeber also Arbeitskraft einkauft, kann er sich – anders als bei von ihm gekauften Gebäuden, Maschinen und Materialien – nicht sicher sein, dass sie sich reibungslos in den Arbeitsprozess einordnen lässt (vgl. Braverman 1974, S. 57; Friedman 1977, S. 78; Berger 1999, S. 155). Erst durch die systematische Dequalifizierung der Arbeiter und ihre Unterwerfung unter ein tayloristisches

3 Führungssubstitute – Zum Mischpult der ...

> Produktionsregime würden, so die Position innerhalb der marxistischen Debatte über Arbeitsprozesse, die Kapitalisten dieses „Transformationsproblem" von „abstrakter Arbeit in reelle Arbeit" einigermaßen in den Griff bekommen (vgl. Braverman 1974, S. 124 ff.).
>
> In Abgrenzung von dieser Position wurde in der marxistischen Debatte über Arbeitsprozesse argumentiert. Gerade angesichts sich stark verändernder Märkte und neuer technologischer Entwicklungen würde eine Strategie des Kapitals zur Lösung des „Transformationsproblems" darin bestehen, Arbeitskräfte durch die Ermutigung zur Selbststeuerung in den Produktionsprozess zu integrieren. Diese Strategie, die in der Managementliteratur unter Begriffen wie „modulare Fabrik", „Lean Management", „Business Process Reengineering", „fraktale Fabrik" oder „agile Organisation" diskutiert wurde, wird in der marxistischen Debatte über Arbeitsprozesse mit Formeln wie „verantwortliche Autonomie", „flexible Spezialisierung" und „postfordistische Arbeitsorganisation" erfasst.
>
> Die Debatte ist für die Betrachtung von Führungsnotwendigkeiten insofern interessant, als dass hier über den Begriff der Kontrolle erkannt wurde, dass Erwartungsunsicherheit in Organisationen entweder über personale Führung oder über formale Strukturen reduziert werden können. Während die „hierarchische Kontrolle", so das Argument, stark auf die unmittelbare personale Führung durch Vorgesetzte setzt, würde die „technische Kontrolle" – und, in subtilerer Form, die „bürokratische Kontrolle" – über bis ins Detail vorgegebene Arbeitsprozesse und Zielvorgaben wirken und so die Notwendigkeit personaler Führung reduzieren (siehe zur Unterscheidung einschlägig Edwards 1981, S. 28 ff.).

Die Ersetzung der Führungsaufgaben durch Programme kann zu einer Effizienzsteigerung in Organisationen führen. Organisationen, in denen sich das Management ausschließlich am Steuerungsinstrument der personalen Führung als Koordinationselement bedient, könnten lediglich eine geringe Komplexität bewältigen, da Führung durch Personen auf Verständigung über Sprache basiert. Diese ist zwar eine zentrale Form der Koordination und Verständigung, zeichnet sich jedoch auch durch ihren großen Aufwand aus. Wenn wir alle Transaktionen nur über sprachliche Verständigung klären müssten, würden wir „als Greise auf dem Sterbebett noch über die Frage unseres Eintritts in den Kindergarten reden" (Willke 1987, S. 139). Die Formalisierung und Standardisierung durch Programme ersetzt beziehungsweise reduziert die Notwendigkeit von persönlicher Führung.

Eine Leistung von Konditionalprogrammen ist es, dass die Hierarchie von kleinteiligen Entscheidungen entlastet und so ermöglicht wird, ihre Kapazität für Planung und Kontrolle zu erhalten. Dies geschieht nicht einfach durch Befehl, sondern weil die Autorität in die vom Konditionalprogramm ausgelöste Information verlagert wird. Die Autorität wird bestimmten, ausgewählten Informationen übertragen, die die Empfangenden zu einer festgelegten Handlung bewegen. „Autorität in diesem Sinne hat alle traditionellen Begriffsqualitäten abgestreift und besteht lediglich in der Mitteilung von Entscheidungsprämissen, deren Annahme auf Umwegen, nämlich durch Systemmitgliedschaft, motiviert ist" (Luhmann 1964, S. 99). Dadurch wird jede Information ‚autoritätsfähig', und jedes Organisationsmitglied, ja sogar Außenstehende können ‚Träger' dieser Autorität werden. „Routine und Weisung sind offenbar zwei verschiedene, zueinander funktional äquivalente Formen der Koordination, die je ihre besonderen Vorzüge und Nachteile haben" (Luhmann 1971, S. 130). Durch Konditionalprogramme wird also die Hierarchie geschont. Konditionalprogrammierung sorgt dafür, dass weniger Situationen mit Erwartungsunsicherheit entstehen, die Führungsbedarfe auslösen.

Eine Leistung von Zweckprogrammen ist es, dass sie der Organisation oder Teilen von ihr „Scheuklappen" aufsetzen (Luhmann 1973, S. 46). Zwecksetzungen führen zu einer beträchtlichen Verengung des Horizonts einer Organisation. Sie konzentrieren die Perspektive auf einige wenige, wichtig erscheinende Aspekte und blenden alles andere aus. Man muss nicht mehr alle möglichen Zwecke erfüllen, sondern nur ganz bestimmte. Jede Zwecksetzung hebt bestimmte Aspekte besonders hervor und vernachlässigt andere. Zweckprogramme verhindern, dass die Organisationen durch eine Vielzahl anderer Möglichkeiten irritiert werden. Sie können die Menge an erwartungsunsicheren Situationen und damit den Bedarf an Führung also reduzieren. Ein typischer Mechanismus hierfür ist Strategiearbeit. Zweckprogramme schaffen so eine gemeinsame Zielorientierung und verringern damit im Prinzip die grundsätzlichen Aushandlungen über anfallende Tätigkeiten.

Kurz: Programme reduzieren Führungsaufwand, weil Vorgesetzte sich aus Planung und Kontrolle zurückziehen können. Lateral wird Führung entlastet, weil Konditionalprogramme unpersönliches Handeln ermöglichen und Autorität nicht über die lateral Führenden, sondern über die Programme selbst ausgeübt wird. Aber auch die Notwendigkeit der Unterwachung sinkt, weil „der Prozess" oder „die Strategie" die Aufmerksamkeit der Hierarchie vorstrukturiert.

Zur Substituierung von Führung durch Programme – der Versuch einer Steuerung über Ziele in einem Medienunternehmen

In einem großen Medienhaus laufen unterschiedliche strategische Orientierungen gegeneinander. Mit Blick auf die sich verändernden Lesegewohnheiten braucht es sowohl qualitativ hochwertigen Journalismus als auch neue Geschäftsmodelle jenseits der Tages- und Monatszeitungen. Die strategische Neuausrichtung wurde in einem aufwendigen Strategieprozess erarbeitet und über die verschiedenen Bereiche hinweg ausgerollt. Die immer digitaler werdenden Geschäftsmodelle und journalistischen Formate machten neue Kooperationsformen über Redaktionen und Bereiche hinweg notwendig. Insofern wollte man auf eine agilere Steuerung umstellen, die bereichsübergreifende Zusammenarbeit nahelegen sollte.

Mit diesem Ziel werden in der Organisation flächendeckend Objectives and Key Results definiert. Es werden konkrete Ziele – die Objectives – bestimmt. Diese sind häufig quantitativer Natur – etwa die Umsatzentwicklung, die Zyklen der Produktentwicklung oder die Kosteneinsparung. Die Fortschritte im Prozess werden zeitnah anhand von messbaren Ergebnissen – den Key Results – erfasst. Diese Methode erlaubt eine relativ kleinteilige Steuerung und Prozesskontrolle sowie schnelle Anpassungen zum Beispiel beim Einsatz von Ressourcen. Begleitet wurde die Definition von Objectives and Key Results von der für die Methode typischen Aufforderung, bei der Entwicklung auf Partizipation der Beteiligten zu setzen: „Sagt uns, was ihr braucht, um die gesetzten Ziel zu erreichen."

Das organisationsweit eingeführte Set aus Objectives and Key Results sollte im Prinzip auf die langfristige Gesamtstrategie einzahlen, führte aber faktisch zu einer auffällig kurzzyklischen Orientierung in der gesamten Organisation. Diese lernte schnell: Was in den Sets von Objectives and Key Results vorkommt, bekommt die Aufmerksamkeit des Managements und die Ressourcen. Daher landeten dort immer mehr Tagesaufgaben. Die Ausrichtung an einer langfristigen Gesamtstrategie und die Orientierung über die Methode der Objectives and Key Results liefen immer weiter auseinander. Statt die Anforderungen an die Führung über eine genaue Definition von Objectives and Key Results zu reduzieren, mussten besonders vom Topmanagement immer wieder neue Führungsimpulse gesetzt werden, um die Gesamtstrategie gegenüber der kurzzyklischen Orientierung zu behaupten. Erst eine grundsätzliche Klärung im Topmanagement, wie sich die Gesamtstrategie gegenüber dem Instrument der Objectives und Key Results verhalte, gab Orientierung und reduzierte die Notwendigkeit situativer Führung.

Wie jede Form des Organisierens handelt man sich aber durch die Entlastung von Führung durch Programme auch Folgeprobleme ein: Im Wesentlichen ist das bei Programmen eine durch sie fehlende Umweltsensibilität. Sowohl Zweck- als auch Konditionalprogramme begrenzen das Suchfeld der Organisation: Die Entscheidung für einen Zweck schließt die Suche nach anderen Zwecken aus. Das Konditionalprogramm verstellt den Blick für andere hereinkommende Informationen. Konditionalprogramme etwa führen dazu, dass die Organisation auf Schiene gestellt und für neue Reize aus der Umwelt weniger empfänglich wird. So lässt sich z. B. der Umgang mit kindeswohlgefährdenden Situationen im Allgemeinen Sozialen Dienst der Jugendämter zwar immer stärker „konditionalprogrammieren". Im Effekt erhalten die Mitarbeitenden so auch eine Anleitung, um mit schwierigen Situationen umgehen zu können. Die Organisation entlastet sich von Führung. Jedoch werden so zum Beispiel sehr unterschiedliche Situationen gleich behandelt – und Erfahrungswissen langjähriger Mitarbeitenden sogar ignoriert. Konditionalprogramme haben die Funktion, „[…] eine möglichst präzise Entscheidungsplanung im System gegen die Wechselfälle einer unkontrollierbaren, nach eigenen Gesetzen ablaufenden Umwelt abzusichern" (Luhmann 1971, S. 120). Sie sind insofern die Antwort der Organisation auf den Widerspruch von Systemautonomie und Umweltabhängigkeit. Ähnliches gilt auch für Zweckprogramme, die durch ihre zeitliche Befristung alternative Bedarfe in der Umwelt schlecht beobachtbar machen.

Die Entlastung der Organisation durch Programme führt daher zwangsläufig zu einer Desensibilisierung der Organisation für Probleme. Beide Programmarten nehmen ein Stück weit die Zukunft vorweg und sorgen so für die nötige Komplexitätsreduktion. Schließlich kann man sowohl den

Zweck als auch die konditionalen Bedingungen nur programmieren, wenn man damit rechnen kann, was auf einen zukommt. Für andere, nicht vorab einprogrammierte Zukünfte braucht es dann aber wieder Führung.

3.2 Die Entlastung von Führung durch Kommunikationswege

Kommunikationswege legen legitime Kontaktpunkte und Zuständigkeiten fest. Dadurch werden zunächst die Möglichkeiten der Kommunikation in der Organisation massiv eingeschränkt. Es wird auf einen großen Teil der möglichen Kontakte und die Mitwirkung aller möglicherweise hilfreichen und interessierten Stellen bei Entscheidungen verzichtet. Nur eine kleine Zahl legitimierter Kontakte und Entscheidungsbefugnisse, die die Mitglieder zu respektieren haben, wenn sie ihre Mitgliedschaft nicht aufs Spiel setzen wollen, wird zugelassen.

Unterschiedliche Formen von Kommunikationswegen
Es gibt unterschiedliche Formen der Regelung von Kommunikation. Die prominenteste Art der Fixierung von Kommunikationswegen ist sicherlich die Hierarchie. Eine weitere wichtige Art der Festlegung ist das Mitzeichnungsrecht, das in der Regel auf einer hierarchischen Ebene eingerichtet wird: Verschiedene Minister müssen zustimmen, bevor eine Verordnung in Kraft treten kann; die Abteilungsleiterinnen müssen eine Arbeitsanweisung gegenzeichnen, bevor sie offiziell in der Organisation verkündet werden kann. Eine zunehmend wichtiger werdende Art der Definition von Kommunikationswegen ist die Projektstruktur. Dazu werden Mitglieder aus unterschiedlichen Abteilungen zusammengezogen, um ein zeitlich befristetes Vorhaben –

ein Zweckprogramm – zu bearbeiten. Hierarchien, Mitzeichnungsrechte und Projektstrukturen können miteinander kombiniert werden, sodass sich ganz eigene Formen und Netzwerke von Kommunikationswegen ausbilden. Je nachdem, welche Kombination von Hierarchien, Mitzeichnungsrechten und Projektstrukturen gewählt wird, verändern sich die Wahrscheinlichkeiten für Kooperation, Konkurrenz oder Konflikt in der Organisation.

> **Zum Verhältnis von Führung und Hierarchie**
>
> Hierarchie besteht aus festgelegten Kommunikationswegen, während Führung situativ erfolgreiche Einflussnahme ist. Man könnte sie gewissermaßen als Hierarchie der Situation bezeichnen. Die Ausübung von Hierarchie ist klar geregelt, zum Beispiel über vorab definierte Prozesse, über Weisungsbefugnisse und Grenzen dessen, was man als Führungskraft verlangen darf. Was dagegen Führung genau beinhaltet, kann nicht im Vorhinein bestimmt werden. Es kann nicht vorab festgelegt werden, wer im Meeting die klügere Idee hat, wer mit seinen Argumenten überzeugt oder wem der Kunde vertraut. Führung, so könnte man sagen, füllt Lücken der Berechenbarkeit.
>
> Hierarchie ist jederzeit verfügbar. Führung findet nur in kritischen Momenten statt, in denen die Organisationsstrukturen keine Orientierung bieten und Unsicherheit entsteht. Die Ausübung von Hierarchie soll unabhängig von Personen möglich sein. Führung dagegen wird persönlich zugerechnet, sie ist eine zusätzliche Leistung des Systems. Hierarchie nutzt formale Befugnisse, um die bereits entschiedene Ordnung zu stützen. Führung nutzt formale und informale Mittel, um Entscheidungen durchzusetzen. Wenn man sich den Unterschied von Hierarchie und Führung bildlich vorstellen will, wäre Hierarchie ein ausgebautes Schienennetz, während die Führung situativ vorgibt, welcher Weg eingeschlagen werden soll (siehe dazu umfassend Kühl 2025).

Kommunikationswege und Führung
Für die Mitglieder einer Organisation hat die Einrichtung von Kommunikationswegen – wie alle anderen Strukturtypen auch – eine entlastende Funktion. Diejenigen, die für eine bestimmte Entscheidung zuständig sind, können davon ausgehen, dass diese systemintern als richtig angesehen und nicht angezweifelt wird. Sie müssen im Problemfall aber auch die Verantwortung übernehmen und für eventuelle Fehler oder negative Konsequenzen ihrer Entscheidungen geradestehen. Dies entlastet nicht nur die Vorgesetzten, sondern auch die Untergebenen, weil sie wissen, mit wem man reden darf und mit wem nicht.

Die Idee von Kommunikationswegen ist besonders, die Anzahl der möglichen Kontakte in Organisationen zu reduzieren, um ihre Komplexität zu verringern. Nicht jeder muss mit jedem alles abstimmen. Organisationen, die auf viel Hierarchie und hohe Arbeitsteilung zwischen den Hierarchiestufen setzen, sorgen so dafür, dass feststeht, wer wem gegenüber meldepflichtig ist und wer worüber das Sagen hat.

Die fehlerhafte Annahme ist oft: weniger Hierarchie gleich weniger Führung. Das Gegenteil ist aber der Fall. Je weniger eine Organisation auf Hierarchie setzt, desto mehr Führung braucht sie, und zwar weil mit der Hierarchie ein zentraler Orientierungspunkt wegfällt. Gleiches gilt für die Auflösung der Arbeitsteilung. Wenn im Sinne „siloübergreifenden Arbeitens" zum Beispiel mithilfe von Initiativen für mehr End-to-End-Verantwortung bereichsübergreifende Kooperationen gestärkt werden, dann steigt der Abstimmungs- und damit der Führungsbedarf.

> **Die Substitution von Führung durch Kommunikationswege – ein Fall aus einem Motorenwerk**
>
> In einem Motorenwerk wurde auf Selbstorganisation umgestellt. Die Arbeitenden jeder Werkshalle teilten sich in sogenannte Clustergruppen ein, die sich jeweils ohne Vorarbeiter selbst organisierten. Sie entschieden über die Arbeitsprozesse, Qualifizierungen, die Einteilung auf verschiedene Verrichtungen innerhalb der Schicht – und über Schichtzuteilungen und die Verteilung von Urlaub. Probleme im Arbeitsablauf, mit anderen Clustern oder der Steuerung der Produktion klärte jeweils eine Sprecherin oder ein Sprecher des Clusters mit den Betroffenen. Die Sprecher waren dabei ohne hierarchische Weisungsbefugnis.
>
> Nach einiger Zeit zeigten sich dysfunktionale Folgen des Hierarchieabbaus: In einigen Clustern kam es vermehrt zu Konflikten, weil sie strittige Meinungen zur Schichteinteilung oder Urlaubsnahme nicht lösen konnten. In anderen Clustern übernahmen die Clustersprecher zusätzlich zu ihrer Aufgabe als „Außenminister" des Clusters auch die Schicht- und Urlaubsplanung. Mit jeweils unterschiedlichem Erfolg: Die interne Planung nahm viel Zeit ein. Die fehlende hierarchische Entscheidungskompetenz musste mit Führung kompensiert werde. Wie gut das jeweils funktionierte, war stark von den jeweiligen Personen abhängig.
>
> Nach einigen Monaten erkannte auch die Werksleitung die strukturellen Probleme – und stattete die Sprecher nachträglich mit hierarchischer Weisungsbefugnis aus. Die Selbstorganisation wurde so weit aufgehoben, dass weniger aufwendige Führungsarbeiten innerhalb der Teams nötig waren.

Kommunikationswege können Führungsbedarfe reduzieren, sie legen aber auch fest, worüber in der Organisation gestritten wird. In einer funktionalen Organisation, in der jede Funktion wie beispielsweise Marketing, Produktion oder Vertrieb eine eigene Abteilung ist, ist siloartiges Arbeiten über die Kommunikationswege in der Organisation angelegt. Bei übergreifenden Projekten, etwa der Einführung eines gemeinsamen Computerprogramms, kommt es nahezu zwangsläufig zu Abstimmungsproblemen. Für solche Fälle geben die Strukturen wenig Erwartungssicherheit, es wird also Führung notwendig. In einer Matrixorganisation dagegen, die aus der Idee gewachsen ist, Silobildung zu verhindern, kommt es schnell zu unklaren Zuständigkeiten an den „Knotenpunkten" der Matrix. Hier kann Führung beispielsweise notwendig sein, um die durch die Matrixorganisation angelegte „doppelte Orientierung" situativ zu entscheiden.

Kommunikationswege substituieren Führungsaufwände nicht nur, sie legen als ihr Folgeproblem auch immer neue Führungsnotwendigkeiten an. Aus organisationsgestalterischer Perspektive gilt es daher zu fragen, ob die durch Kommunikationswege eingespurten Führungsnotwendigkeiten zu konstruktiven Spannungen führen, etwa weil man Ressourcenkonflikte gar nicht ein für alle Mal entscheiden will, und ob sie an der richtigen Stelle ankommen und dort die entsprechenden Einflussmittel vorhanden sind.

3.3 Die Reduzierung der Führungsnotwendigkeit durch Personalentscheidungen

Mit dem oben erläuterten Begriff von Organisationsstrukturen ist es leicht, den Strukturcharakter von Entscheidungen über Personal nachzuweisen. Alle Beobachter können feststellen, dass in Organisationen nicht nur über Personal entschieden wird, sondern dass Personalentscheidungen wichtige Prämissen für weitere Entscheidungen in der Organisation sind. Es macht für künftige Entscheidungen einen Unterschied, welche Person die für die Entscheidung zuständige Stelle besetzt. Auf der gleichen Stelle entscheiden Juristen häufig anders als Betriebswirte und diese wiederum anders als Soziologen.

Unterschiedliche Formen der Beeinflussung des Personal
Organisationen haben verschiedene Möglichkeiten, an der Stellschraube „Personal" zu drehen: Mit der Einstellung wird fixiert, welcher Typus von Personen künftig in der Organisation Entscheidungen treffen wird. Bereits bei der Formulierung von Stellenanzeigen, Kandidatenprofilen und Ausschreibungsunterlagen wird heftig darum gerungen, welche Merkmale – und damit letztlich für die Organisation relevante Entscheidungsstile – eine Person mitbringen soll. Mit der Entlassung von Personen kann signalisiert werden, welche Art von Entscheidungen man künftig in der Organisation nicht mehr haben möchte. Die interne Versetzung kann nach oben, nach unten oder auch zur Seite erfolgen. Personalentwicklung dagegen zielt häufig lediglich darauf ab, das Verhalten einer Person so zu verändern, dass sie künftig auf der gleichen Position andere Entscheidungen trifft.

Personal und Führung
Die Entscheidung darüber, wer fortan welche Entscheidungen trifft, wie also eine Stelle konkret besetzt wird, hat große Auswirkung auf den Führungsbedarf in Organisationen. Sind Personenerwartungen stark standardisiert, kann ziemlich genau vorausgesagt werden, wie die jeweilige Personen vermutlich entscheiden wird. Erwartungsunsichere Situationen und damit die Führungsbedarfe verringern sich.

Man kann diese Reduzierung von Führungsnotwendigkeit bei Organisationen beobachten, die systematisch den gleichen Typus von Personen rekrutieren und zusätzlich die neuen Mitglieder aufwendig in der Organisation sozialisieren. Wenn eine Entwicklungsbank systematisch nur Volkswirte mit guten Sprachkenntnissen und Auslandspraktika rekrutiert, diese vom ersten Tag ihrer Tätigkeit darauf trimmt, perfekte Programmvorschläge für Entwicklungshilfeprojekte zu schreiben, und die Mitglieder langfristig an die Organisation bindet, kann sie davon ausgehen, dass ihre Organisationsmitglieder ähnlich denken und handeln werden. Dadurch sinkt der Bedarf an Führung.

Man kann diese Reduzierung von Führungsnotwendigkeiten auch bei Organisationen beobachten, die ihr Spitzenpersonal größtenteils durch langgediente Mitglieder besetzen. Dieses Spitzenpersonal ist vergleichsweise berechenbar, weil bekannt ist, wie diese ticken. Es herrscht ein hohes Maß an Erwartungssicherheit in der Organisation. Wenn das Spitzenpersonal von außen rekrutiert wird, um frischen Wind in die Organisation zu bringen, steigt der Führungsaufwand gerade für die unmittelbaren Mitarbeitenden an. Die neuen Führungskräfte müssen durch eine Vielzahl von Führungsimpulsen von unten gesteuert werden, damit sie nicht allzu viel Unruhe in die Organisation bringen. Weil diese sich solches Verhalten häufig nicht ohne Weiteres gefallen lassen – sie wurden ja geholt, um Dinge anders zu machen –, kommt es nicht selten zu einem erheblichen Gezerre in der Organisation.

Führungsherausforderungen bei begrenztem Zugriff auf das Personal – ein Beispiel aus der Wissenschaftsorganisation

Der zentrale Hebel zur Beeinflussung der Art und Weise, wie Entscheidungen in Wissenschaftsorganisationen getroffen werden, ist die Besetzung von Professuren. Der Grund dafür sind die begrenzten Möglichkeiten, auf Professoren Einfluss zu nehmen, wenn sie erst einmal berufen sind. Dies wird deutlich, wenn man sich anschaut, wie gering die Zugriffschancen über Kommunikationswege und Programme sind.

Zwar verfügen auch Wissenschaftsorganisationen über hierarchische Kommunikationswege, aber die Zugriffsmöglichkeiten auf die einzelnen Professoren sind stark begrenzt.

> Während Professoren sehr weitgehende Einflussmöglichkeiten auf ihre Mitarbeitenden haben, weil sie nicht nur über die Verlängerung derer Verträge entscheiden, sondern auch ihre Qualifizierungsarbeiten begutachten, können Präsidenten und Rektoren der Wissenschaftsorganisationen nur sehr begrenzt auf die Professoren einwirken. Professoren sind durch lebenslange Verträge und durch die Verfassung bezüglich garantierter Forschungsfreiheit geschützt. Einige Professoren sind deswegen überrascht, wenn man ihnen mitteilt, dass sie Vorgesetzte haben.
>
> Auch über Programme sind Professoren nur sehr begrenzt zu steuern. Die Steuerung über Konditionalprogramme eignet sich für die Reisekostenabrechnung, Personaleinstellungsprozesse und Lehrplanungen, inhaltliche Vorgaben lassen sich darüber nicht machen. Die Steuerung über Zweckprogramme kann versucht werden, indem man Professoren Prämien in Aussicht stellt, wenn sie sich an Forschungsprojekten der Einrichtung beteiligen, direkt anordnen lassen sie sich aber nicht.
>
> Besonders deutlich wird dies in Wissenschaftseinrichtungen, die als exzellent geltende Forscher an die Spitze eines Institutes berufen und diese dann weitgehend frei wirken lassen. Der Erwartungsdruck ist an die Institutsleitung häufig so stark, dass diese ihn an ihre Mitarbeitenden weitergeben. Zur Durchsetzung der Erwartungen der Institutsspitze werden häufig Mittel eingesetzt, die von Mitarbeitenden nicht selten als Mobbing betrachtet werden, gegen die sie sich aufgrund ihrer begrenzten Verträge jedoch nur schwer wehren können. Wenn die Probleme unter dem Label des Machtmissbrauchs öffentlich werden, dann gibt es nur sehr begrenzte Zugriffsmöglichkeiten der beaufsichtigenden Instanzen, weil die direkten Weisungs- und Überwachungsmöglichkeiten gering sind.

Der Gedanke, Personal als Entscheidungsprämisse zu fassen, wird plausibel, wenn man sich vergegenwärtigt, wie viel um bestimmte Personen in Organisationen „herumorganisiert" wird. Man erwartet, wie eine Person wohl reagieren wird, und handelt entsprechend, indem man zum Beispiel bestimmte Ideen gar nicht erst vorbringt oder gar

Stellen darauf ausrichtet. Während man Erwartungen an formale Rollen einfach umentscheiden kann, sind solche Personenerwartungen in der Regel sehr schwer veränderbar. Selbst wenn die betroffene Person beteuert, dass sie alte Ansprüche nicht mehr durchsetzen wird, bleiben Personenerwartungen oft über lange Zeit stabil. Die Substitution von Führung durch Personal führt im Gegensatz zur Substitution durch Kommunikationswege und Programme zu einer Personenabhängigkeit der Organisation. Durch den Wechsel zentraler Personen entstehen beispielsweise Diskontinuitäten, die mit neuen Personen nicht so leicht zu kompensieren ist.

3.4 Die Beeinflussung des Führungsbedarfs durch die Arbeit an den Strukturen der Organisation

Wenn man sich die Einflüsse von Organisationen auf Führung verdeutlichen will, kann man sich die drei Strukturelemente Programm, Kommunikationsweg und Personal wie Regler auf einem Mischpult vorstellen (Abb. 3.1). Auf der linken Seite des Mischpults befindet sich ein Schalter, mit dem eingestellt wird, ob man den Fokus auf die Schauseite, die formale Seite oder die informale Seite richtet. Weil der Ansatzpunkt für Veränderungen in der Organisation in der Regel die formale Struktur ist, steht der Hebel „per Voreinstellung" auf formaler Seite. Auf der rechten Seite befinden sich Regler, mit denen eingestellt werden kann, wie stark die formalen Erwartungen über Kommunikationswege, Programme und Personal beeinflusst werden. Wenn der Regler weit oben ist, spielt dieser Strukturtyp bei der Formulierung formaler Erwartungen eine wichtige Rolle, wenn er unten ist, eine geringe.

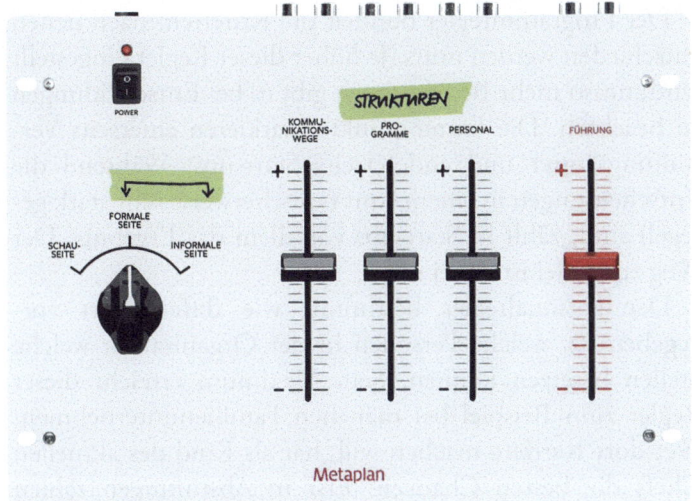

Abb. 3.1 Das Mischpult des Managements

Die Erweiterung des Mischpults des Managements für die Betrachtung von Führungsanforderungen geschieht durch die Ergänzung eines Reglers, mit dem die Ausprägung der Führungsanforderungen in Organisationen angezeigt wird. Wenn die formalen Erwartungen über Kommunikationskanäle, Programme und Personal sehr genau spezifiziert sind, sind die Anforderungen an Führung niedrig, und der Regler geht in den Minusbereich. Wenn die formalen Erwartungen in einem sehr geringen Maße spezifiziert sind, werden die Erwartungen an die Führungserfordernisse deutlich stärker sein, und der Regler geht nach oben.

Mehr Struktur heißt weniger offene Entscheidungen
Der Regler Kommunikationswege stellt für eine Organisation ein, wer wem Aufgaben worüber geben darf und wie Entscheidungen getroffen werden. Je weiter ein Regler aufgezogen ist, desto genauer ist begrenzt, wer mit und für wen arbeitet.

Der Programmregler bündelt die Kriterien, nach denen entschieden werden muss. Je höher dieser Regler eingestellt wird, umso mehr Bedingungen gibt es bei Entscheidungen zu beachten. Die Extrempunkte markieren einerseits Verwaltungsämter und andererseits Start-ups: Während die Entscheidungen in einem Amt typischerweise sehr stark geregelt sind, zählt in Start-ups vor allem das Ergebnis. Der Weg zum Ziel ist dabei offen.

Der Personalregler bestimmt, wie differenziert vorgegeben ist, welche Personen in der Organisation welche Stellen besetzen können. Sein Maximum erreicht dieser Regler zum Beispiel bei manchen Familienunternehmen: Wer dort Karriere machen will, hat als Kind des aktuellen Chefs die besten Chancen. Erst in Abstufungen zählen dann Qualifikationen, die Zeiten im Unternehmen oder Erfahrungen im entsprechenden Bereich.

Der primäre Fokus für die Einstellung ist die formale Struktur der Organisation. Aber auch informale Erwartungen können Erwartungssicherheit generieren. Meistens schleichen sich diese dadurch ein, dass jemand in Führung geht und eine Abweichung von einer Vorgehensweise fixiert.

Was passiert, wenn man die Regler bewegt?
Will man das Mischpult nutzbringend einsetzen, helfen einige Fragen. Am Anfang steht die Überprüfung: Wie sind die Regler in meiner Organisation eingestellt? Ist klar, wer mit wem zusammenarbeiten soll, oder variiert dies stark? Gibt es ein Richtig-oder-Falsch-Schema für Aufgabenerfüllungen oder woran orientieren wir uns?

Nach der Bestandsaufnahme kommen die für Veränderungsvorhaben zentralen Fragen: Welche Regler lassen sich überhaupt bewegen – und von wem? Kann man zum Beispiel die Bedingungen der Programme lockern und neue

Wege zur Lösung von Aufgaben zulassen? Wurde gerade eine neue Strategie ausgerollt, die einer neuen Änderung im Wege steht?

Eine weitere zentrale Frage ist: Was passiert, wenn man die Regler bewegt? Anders gefragt: Wie wird die Organisation reagieren? Wer wird das begrüßen und unterstützen? Mit welchem Widerstand muss man rechnen und wie kann man ihm begegnen? Wer das vorab bedenkt, hat später weit bessere Chancen, rasch und wirksam zu reagieren!

Führung: Der Endverstärker des Organisationssignals
Neben den Strukturreglern verfügen Organisationen über einen weiteren besonderen Regler am Mischpult: die Intensität der Organisationsführung. Wir verstehen Führung dabei gerade nicht als Synonym für Hierarchie, sondern als das Durchsetzen bei offenen Entscheidungen, die Auflösung von Widersprüchen und die Wahrung von Erwartungssicherheit. Das heißt: Es können alle und nicht nur Vorgesetzte in Führung gehen – solange ihr Handlungsangebot überzeugt und Gefolgschaft generiert.

Man kann sich Führung also wie einen Endverstärker vorstellen, der alle aus dem Mischpult ausgehenden Signale aufs gleiche Level bringt. Wie viel Führung es braucht, ergibt sich dabei aus der Stellung der Strukturregler. Sind sie höher eingestellt, wird Führung weniger notwendig und wirksam. Umgekehrt gilt: Ist das Strukturlevel niedrig, muss umso stärker über Führung im Einzelfall entschieden werden.

Warum das Mischpult des Managements?
Durch das Mischpult des Managements wird die Komplexität in Organisationen extrem reduziert. Kommunikationswege, Programme und Personal werden nicht mit einem einzigen, sondern durch eine Vielzahl von Reglern beein-

flusst. Man muss sich dafür nur anschauen, wie bei den Kommunikationswegen eine hierarchische Grundstruktur durch verschiedene Mitzeichnungsrechte, Projektstrukturen und Abstimmungsgremien aufgeweicht wird. Die Darstellung der Regler als Skala mit Plus und Minus ist eine starke Vereinfachung, weil sich die Idee der formalen Erwartungsbildung nur bei großen Verlusten durch ein Mehr oder Weniger veranschaulichen lässt. So ist es zumindest erklärungsbedürftig, weswegen eine detaillierte Festlegung professioneller Standards zum Beispiel für Ärzte und Juristen eine genaue Definition formaler Grundsätze bedingt. Aber bei allen Schwächen aufgrund der erheblichen Vereinfachung der organisationalen Realität ermöglicht es das Mischpult des Managements, sich anhand konkreter Problemstellungen schnell über den Zusammenhang von Formalstruktur und Führungsanforderung klar zu werden.

Die Bearbeitung von Frustration über begrenzte Einflussmöglichkeiten als Führungskraft in einem Einzelhandelskonzern

Die großen Einzelhandelskonzerne mit angestellten Filialleitungen sind dadurch geprägt, dass die Arbeit in Filialen extrem stark durch Programme vorgegeben ist. Es wird bis ins kleinste Detail vorgegeben, welche Waren vorrätig zu halten sind, wie die Regalplatzierung aussehen muss und welche Preise zu veranschlagen sind. Selbst wenn es für eine Filialleitung sinnvoll sein könnte, im Sommer überzählige Paletten Erdbeeren für einen Impulskauf direkt an der Kasse aufzubauen, wird ihr das durch das Programm, dass Erdbeeren immer im Bereich von Obst und Gemüse positioniert werden müssen, strikt untersagt (für einen präzisen Insiderbericht siehe Straub 2012).

Die Einhaltung dieses Programms wird durch eine strikt hierarchische Struktur aus Leitung Verkauf, Bereichsleitung Filialorganisation und Filialleitung sichergestellt. Die Bereichsleitung, die für ein Dutzend von Filialen zuständig ist, überwacht, ob die Filialleitungen sich strikt an die Programme halten. Wenn sie regelmäßig Abweichungen feststellt, ist sie angehalten, die Filialleitung zuerst abzumahnen und dann zu entlassen. Die Fähigkeit, eine präzise Programmeinhaltung durch die Entlassungen von Filialleitungen durchzusetzen, wird dabei als ein zentrales Qualifikationsmerkmal von Führungskräften auf Ebene der Bereichsleitung angesehen.

Bei der Rekrutierung von Filial- und Bereichsleitung wird darauf geachtet, dass das Leitungspersonal mit dieser strikten Durchprogrammierung und den ausgefeilten hierarchischen Kommunikationswegen umgehen kann. Besonders gerne werden deswegen Führungskräfte rekrutiert, die vorher in der Armee tätig gewesen sind, weil diese einerseits an strikt durchprogrammierte Organisationen gewöhnt und andererseits trainiert sind, hierarchische Anweisungen gegenüber eigenen Untergebenen umzusetzen. Dadurch entsteht eine große Homogenität in Bezug auf das Führungspersonal eines Konzerns. Während bei den Filialmitarbeitenden eher geringe Gehälter gezahlt werden, wird auf der Führungsebene auf eine gute Bezahlung geachtet, um Mitarbeitende über eine monetäre Motivation für eine solche Führungstätigkeit gewinnen und binden zu können.

Die Kompetenzen der Filialleitung beschränken sich darauf, die detaillierten Programme für Warenplatzierung, Preisauszeichnung und Kassiervorgang durchzusetzen und dabei die Kosten für den Einsatz des Personals möglichst gering zu halten. Neben den präzisen Konditionalprogrammen wird ihr Verhalten also durch ein Zweckprogramm geprägt, das ihr bei der Frage des Personaleinsatzes Freiheiten lässt (siehe für eine frühe Ausformulierung des Modells Höhn 1962). Weil die Personalkosten der einzige Hebel sind, mit dem der Gewinn einer Filiale beeinflusst werden kann, besteht ein starker Anreiz, Personal möglichst knapp zu kalkulieren und möglichst viel aus der vorhandenen Arbeitskraft herauszuholen.

Mit dem Modell des Mischpults des Managements ist es möglich, den Bereichs- und Filialleitungen in Einzelhandelskonzernen deutlich zu machen, wie begrenzt die Führungserwartungen und ihre Führungsmöglichkeiten sind. Führungskräfte eines Einzelhandelskonzerns, die mit dem Mischpult des Managements arbeiten, stellen in Workshops die Hebel für Kommunikationswege, Programme und Personal weit nach oben. Weil der Hebel für Führung mit denen

> für Kommunikationsweg, Programm und Personal korreliert, wird sehr schnell deutlich, wie wenig Führungsmöglichkeiten faktisch bestehen. Führungsanforderungen bestehen größtenteils darin, detailliert vorgegebene Programme gegenüber potenziell fuschenden oder widerständigen Mitarbeitenden durchzusetzen.
>
> In der Arbeit mit der Konzernspitze kann das Mischpult des Managements eingesetzt werden, um zu verdeutlichen, dass sich die Führungsanforderungen verändern, sobald Führungskräfte aus dem operativen Kernbereich des Verkaufs herauswechseln. Gerade höhere Führungskräfte im Bereich der Verwaltung, des Einkaufs, der Filialentwicklung und der Logistik haben nicht die gleiche formale Erwartungssicherheit wie die Führungskräfte im Verkauf. Das erkennt man daran, dass diese in Workshops die Hebel für die Kommunikationswege, Programme und das Personal deutlich weiter unten einstellen als ihre Kollegen im Verkauf. Durch die Visualisierung der Diskrepanz ist es möglich, darüber zu diskutieren, welche anderen Anforderungen für Führung in diesen Bereichen nötig sind.

Das Mischpult des Managements kann durch eine Reihe von Leitfragen auf konkrete Problemstellungen in Organisationen angewendet werden. Mit der Frage, wo die Regler bei der Skala Kommunikationswege, Programme und Personal derzeit stehen, wird eine Diskussion über den Grad der formalen Erwartungen eröffnet. Mit der Frage, welche Regler verschiebbar wären, wird der Blick dafür geöffnet, wo überhaupt Ansatzpunkte für Veränderungen der formalen Struktur liegen könnten. Mit der Frage, was passiert, wenn ein Regler verändert wird, kann deutlich gemacht werden, wie sich Veränderungen beispielsweise bezüglich der Qualifikation des Personals auf Anforderungen an die formale Fixierung der Programme und Kommunikationswege auswirken. Mit der Frage, welche Anforderungen sich ergeben, weil die formalen Strukturen allein nicht ausreichend Orientierung bieten, wird der Fokus auf den Zusammenhang von Organisationsstrukturen und Führungsnotwendigkeiten eröffnet.

Gutes Organisieren heißt, sich und andere zu fragen: In welchen Bereichen der Organisation brauchen wir Offenheit für Entscheidungen im Einzelfall, die dann durch die Führung getroffen werden? Welche Bereiche brauchen dagegen eine fest verfügte Struktur, um den Führungsaufwand zu reduzieren? Mit welchen Folgeproblemen geht das einher? Das Mischpult lädt zum Nachdenken darüber ein, was die Organisation braucht und welche Rolle Führung darin spielt oder spielen soll. Es ermöglicht auch, das wiederholte Aufkommen von Führungsbedarfen zu bestimmten Themen zu erklären und sich – wenn Gestaltung nicht möglich ist – auf diese wiederkehrenden, kritischen Momente gezielter vorzubereiten.

Nicht nur, um ein paar der Ansprüche zurückzuschrauben, die auf Führungskräften ruhen, sondern vor allem, um auf erwartungsunsichere Situationen tatsächlich mit mehr Sicherheit zu antworten, ist es sinnvoll, den Wunsch nach mehr Führung öfter infrage zu stellen. Mithilfe von drei Fragen können Organisationen ihre Probleme und offenen Entscheidungen darauf prüfen, ob für sie wirklich Führung – und nicht doch Struktur – die Lösung sein kann: Gab es früher bereits Lösungen über Regeln oder Routinen? Wodurch gingen diese verloren? Wiederholt sich ein Muster, wie solche Situationen aufgelöst werden – und kann dieses Muster ein fester Prozess werden? Oder: Will man dieses Problem immer wieder auf dem Tisch haben – weil man die Flexibilität von Führung braucht, die in Strukturen fehlt? Und: Wem muss man in solchen Situationen Führung ermöglichen? Haben diese Personen die nötigen Einflussmittel?

4

Führung organisieren – ein Plädoyer

Weil es nicht möglich ist, für jede Situation Erwartungssicherheit herzustellen, bildet sich zwangsläufig ein Bedarf an Führung aus. Die gute Nachricht ist aber, dass Führungsbedarfe antizipiert und in gewissen Grenzen gemanagt werden können. Organisationen bleiben daher immer von Führung abhängig – können aber über ihre Struktur maßgeblich beeinflussen, wie Führungsnotwendigkeiten und -chancen verteilt sind. Dabei kann im Prinzip jedes Organisationsmitglied in Führung gehen – sei es von oben nach unten, von unten nach oben oder zur Seite hin.

In der Führungsdiskussion wird der Scheinwerfer bisher jedoch nicht auf die Organisationen, sondern auf die Personen gerichtet. Personen erscheinen in Form von effizienten Führungskräften, als zur Seite Führende oder als kluge Unterwacher ihrer Vorgesetzten wie ein Lückenbüßer für Probleme, die die Formalstruktur hinterlässt. Schwierigkeiten in der Organisation werden schnell als Problem fehlender Führung durch die verantwortlichen Personen thematisiert. Aus dieser Logik heraus wird das Personal über Assessmentcenter und Personalentwicklungsmaßnahmen adressiert, über Konzepte wie die transformationale Führung moralisch in die Pflicht genommen oder mit Verweis auf offensichtliche Führungsdefizite ausgetauscht.

In vielen Organisationen herrscht eine Tendenz, ungelöste Probleme den Personen zuzurechnen, die in ihnen arbeiten. Die einzelne Person erscheint als „Auffangvorrichtung" für „organisatorisch ungelöste – vielleicht unlösbare – Probleme" (Luhmann 2018, S. 236). Deswegen existiert ein massiver „Anlehnungsbedarf" an personenorientierte Methoden (Drepper 2008, S. 3203). Die Funktion eines Großteils der Führungstrainings und der Führungsliteratur besteht darin, diesen „Anlehnungsbedarf" zu befriedigen. Ein Training zur Resilienzstärkung, ein Coaching zum Konfliktmanagement oder ein Buch zur interkulturellen Führung lässt sich schnell und problemlos kaufen und führt zur Beruhigung in der Organisation, da man etwas unternimmt.

Diese Fokussierung auf personenzentrierte Lösungen ist jedoch in Organisationen immer riskant. Die Hoffnung, mit Personalauswahl- und Personalentwicklungsverfahren strukturelle Probleme in der Organisation lösen zu können, ist in der Regel überzogen und führt deswegen häufig eher zu Frustration. Gerade auf Positionen im mittleren Management werden deswegen oft Organisationsmitglieder verheizt, weil die Organisation ihre strukturellen Probleme nicht angehen will. Nicht selten kommt es zu einer erhöhten Fluktuation von Personal, durch die es wiederum für die Organisation immer schwieriger wird, das Wissen aufzubauen, um an die strukturellen Probleme heranzukommen.

Entgegen diesen Trends versucht eine systemtheoretische Perspektive, den Blick dafür zu öffnen, dass Personen in Bezug auf ihre Führungsanforderungen in gewissen Grenzen „durch bessere Organisation entlastet werden" können (Luhmann 2018, S. 236). Wer über Führung reden will, sollte deswegen über Organisation nicht schweigen.

Literatur

Alvesson, M. (2013). *The Triumph of Emptiness. Consumption, Higher Education, and Work Organization.* Oxford, New York: Oxford University Press.

Alvesson, M. & Spicer, A. (2014). Critical Perspectives on Leadership. In D. V. Day (Hrsg.), *The Oxford Handbook of Leadership and Organizations* (S. 40–56). Oxford: Oxford University Press (Oxford Library of Psychology).

Bass, B. M. (1985). *Leadership and Performance Beyond Expectations.* New York: Free Press.

Bavelas, A. (1960). Leadership: Man and Function. *Administrative Science Quarterly, 4,* 491–498.

Begemann, P. (2009). *Den Chef im Griff. Strategien für den richtigen Umgang mit Vorgesetzten.* Frankfurt a. M.: Eichborn.

Berger, J. (1999). Der Konsensbedarf der Wirtschaft. In J. Berger (Hrsg.), *Die Wirtschaft der modernen Gesellschaft* (S. 155–194). Frankfurt a. M., New York: Campus.

Bing, S. (2004). *What Would Machiavelli Do? The Ends Justify the Meanness.* New York: HarperCollins. https://ebookcentral.proquest.com/lib/kxp/detail.action?docID=30679340

Braverman, H. (1974). *Labor and Monopoly Capital. The Degradation of Work in the Twentieth Century.* New York, London: Monthly Review Press.

Breisig, T. & Kubicek, H. (1995). Hierarchie und Führung. In A. Kieser, G. Reber & R. Wunderer (Hrsg.), *Handwörterbuch der Führung* (2. Aufl., S. 1064–1077). Stuttgart: Schäffer-Poeschel.

Burns, T. & Stalker, G. M. (1961). *The Management of Innovation.* London: Tavistock.

Ciborra, C. (1996). The Platform Organization: Recombining Strategies, Structures, and Surprises. *Organization Science, 7*(2), 103–118.

Commons, J. R. (1924). *Legal Foundation of Capitalism.* New York: Macmillan.

Crozier, M. & Friedberg, E. (1977). *L'acteur et le système.* Paris: Seuil.

Day, D. V. (2014): Introduction: Leadership and Organizations. In D. V. Day (Hrsg.), *The Oxford Handbook of Leadership and Organizations* (S. 1–12). Oxford: Oxford University Press (Oxford Library of Psychology).

Drepper, T. (2008). „Natürlich - der Mensch steht im Mittelpunkt!": zur organisationalen Funktion anthropologischer Präsuppositionen in der Personalsemantik moderner Organisationen. In K.-S. Rehberg (Hrsg.), *Die Natur der Gesellschaft. Verhandlungen des 33. Kongresses der Deutschen Gesellschaft für Soziologie in Kassel 2006* (S. 3197–3207). Frankfurt a. M., New York: Campus (33).

Drucker, P. F. (1992). *Die Zukunft managen. Management, Weltwirtschaft, Unternehmen, Arbeitswelt.* Düsseldorf: Econ.

Edwards, R. C. (1981). *Herrschaft im modernen Produktionsprozeß.* Frankfurt a. M., New York: Campus.

Friedman, A. (1977). *Industry and Labour.* London: Macmillan.

Gemmill, G. & Oakley, J. (1992). Leadership: An Alienating Social Myth? *Human Relations, 45*(2), 113–129.

Gerken, G. (1991). Managementrolle: Visionär. In W. H. Staehle (Hrsg.), *Handbuch Management. Die 24 Rollen der exzellenten Führungskraft* (S. 87–98). Wiesbaden: Gabler.

Goleman, D., Boyatzis, R. E. & McKee, A. (2013). *Primal Leadership. Unleashing the Power of Emotional Intelligence.* Boston: Harvard Business School Press.

Gruber, A. (2014). Die Rationalitätsansprüche des Kooperativen Führungssystems. In C. Barthel & D. Heidemann (Hrsg.), *KFS? KFS 2.0! Eine Neuorientierung des polizeilichen Führungsdiskurses* (S. 209–230). Münster: Schriftenreihe der Deutschen Hochschule der Polizei.

Höhler, G. (2002). *Die Sinn-Macher. Wer siegen will, muss führen.* Düsseldorf: Econ.

Höhn, R. (1962). *Menschenführung im Handel.* Bad Harzburg: Verlag für Wissenschaft, Wirtschaft und Technik.

Jachtchenko, W. (2021). *The 5 Roles of Leadership. Tools & Best Practices for Personable and Effective Leaders.* Oakland Park: Remote Verlag.

Jay, A. (1968). *Management and Machiavelli.* New York: Hodder and Stoughton.

Kerr, S. (1977). Substitutes for Leadership: Some Implications for Organizational Design. *Organization and Administrative Sciences, 8,* 135–146.

Kerr, S. & Jermier, J. M. (1978). Substitutes for Leadership: Their Meaning and Measurement. *Organizational Behavior and Human Performance, 22*(3), 375–403.

Kerr, S. & Mathews, C. S. (1987). Führungstheorien – Thoerie der Führungssubstitution. In A. Kieser, G. Reber & R. Wunderer (Hrsg.), *Handwörterbuch der Führung* (S. 909–922). Stuttgart: Schäffer-Poeschel.

Kotter, J. P. (1990). What Leaders Really Do. *Harvard Business Review, 3,* 103–111.

Kouzes, J. M. & Posner, B. Z. (2017). *The Leadership Challenge. How to Make Extraordinary Things Happen in Organizations* (6. Aufl.). Hoboken: Wiley.

Kühl, S. (2014). Organisationssoziologie. In G. Endruweit, G. Trommsdorff & N. Burzan (Hrsg.), *Wörterbuch der Soziologie* (S. 343–347). Konstanz, München: UVK.

Kühl, S. (2017). *Laterales Führen. Eine sehr kurze organisationstheoretisch informierte Handreichung.* Wiesbaden: Springer VS.

Kühl, S. (2018). *Arbeit – Marxistische und systemtheoretische Zugänge.* Wiesbaden: Springer VS.
Kühl, S. (2020). *Organisationen. Eine sehr kurze Einführung* (2. Aufl.). Wiesbaden: Springer VS.
Kühl, S. (2023). *Schattenorganisation. Agiles Management und ungewollte Bürokratisierung.* Frankfurt a. M., New York: Campus.
Kühl, S. (2025). *Führung und Gefolgschaft. Management im Nationalsozialismus und in der Demokratie.* Berlin: Suhrkamp.
Kühl, S. & Matthiesen, K. (2012). Wenn man mit Hierarchie nicht weiterkommt. Zur Weiterentwicklung des Konzepts des Lateralen Führens. In S. Grote (Hrsg.), *Die Zukunft der Führung* (S. 531–556). Wiesbaden: Springer Gabler.
Kühl, S. & Schnelle, W. (2003). Laterales Führen. In Campus (Hrsg.), *Campus Management* (S. 95–102). Bd. 1. Frankfurt a. M., New York: Campus.
Lakomski, G. (2005). *Managing without Leadership. Towards a Theory of Organizational Functioning.* Amsterdam, Boston, Paris: Emerald Group.
Lalich, J. (2004). *Bounded Choice. True Believers and Charismatic Cults.* Berkeley: University of California Press.
Laloux, F. (2014). *Reinventing Organizations. A Guide to Creating Organizations Inspired by the Next Stage of Human Consciousness.* Brussels: Nelson Parker.
Lawrence, P. R. & Lorsch, J. W. (1967). *Organization and Environment. Managing Differentiation and Integration.* Homewood: Irwin.
Locke, E. A. (2003). Foundation of a Theory of Leadership. In S. E. Murphy & R. E. Riggio (Hrsg.), *The Future of Leadership* (S. 29–46). Mahwah: Erlbaum.
Luhmann, N. (1964). *Funktionen und Folgen formaler Organisation.* Berlin: Duncker & Humblot.
Luhmann, N. (1971). Lob der Routine. In N. Luhmann (Hrsg.), *Politische Planung* (S. 113–143). Opladen: WDV.
Luhmann, N. (1973). *Zweckbegriff und Systemrationalität.* Frankfurt a. M.: Suhrkamp.
Luhmann, N. (2000). *Organisation und Entscheidung.* Opladen: WDV.

Luhmann, N. (2016). Unterwachung oder Die Kunst, Vorgesetzte zu lenken. In J. Kaube (Hrsg.), *Der neue Chef* (S. 90–106). Berlin: Suhrkamp.

Luhmann, N. (2018). Die Bedeutung der Organisationssoziologie für Betrieb und Unternehmung. In N. Luhmann (Hrsg.), *Schriften zur Organisation 1. Die Wirklichkeit der Organisation* (S. 231–254). Wiesbaden: Springer VS.

Machiavelli, N. (1955). *Der Fürst.* Stuttgart: Kröner.

March, J. G. & Simon, H. A. (1958). *Organizations.* New York: John Wiley & Sons.

Marx, K. (1962). Das Kapital. Erstes Buch In K. Marx (Hrsg.), *Marx-Engels-Werke.* Bd. 23 (S. 11–955). Berlin: Dietz.

McAlpine, A. (2000). *The New Machiavelli. The Art of Politics in Business.* New York, Chichester: Wiley.

McCann, L. (2015). From Management to Leadership. In S. Edgell, H. Gottfried & E. Granter (Hrsg.), *The SAGE Handbook of the Sociology of Work and Employment* (S. 167–184). London: Sage.

Micklethwait, J. & Wooldrige, A. (1996). *The Witch Doctors. Making Sense of the Management Gurus.* London: William Heinemann.

Miner, J. B. (1975). The Uncertain Future of the Leadership Concept: An Overview. In J. G. Hunt & L. L. Larson (Hrsg.), *Leadership Frontiers* (S. 197–208). Kent: Kent State University Press.

Mintzberg, H. (2010). *Managen.* Offenbach: Gabal.

Mintzberg, H. & McHugh, A. (1985). Strategy Formation in an Adhocracy. *Administrative Science Quarterly, 30*(2), 160–197.

Morgan, G. (1986). *Images of Organization.* Beverly Hills: Sage.

Muster, J. (2020). Zur begrenzten Organisierbarkeit von Führung. In C. Barthel (Hrsg.), *Managementmoden in der Verwaltung* (S. 139–165). Wiesbaden: Springer VS.

Muster, J., Büchner, S., Hoebel, T. & Koepp, T. (2020). Führung als erfolgreiche Einflussnahme in kritischen Momenten. Grundzüge, Implikationen und Forschungsperspektiven. In C. Barthel (Hrsg.), *Managementmoden in der Verwaltung* (S. 285–304). Wiesbaden: Springer VS.

Muster, J. & Hermwille, A (2024). Hierarchie und Führung unterscheiden. In J. Muster, A. Hermwille & J. Kapitzky (Hrsg.), *Lehren von Luhmann. Angewandte Systemtheorie: Pragmatische Lösungsansätze für Organisationen* (S. 16–25). Bonn: ManagerSeminare Verlag.

Neuberger, O. (2002). *Führen und führen lassen. Ansätze, Ergebnisse und Kritik der Führungsforschung* (6. Aufl.). Stuttgart: Lucius & Lucius.

Nutzinger, H. G. (1979). Uncertainty, Hierarchy and Vertical Integration. *Economic Analysis and Workers' Management, 13*(3), 301–325.

Peters, T. J. (1993). *Jenseits der Hierarchien. Liberation Management.* Düsseldorf: Econ.

Pfeffer, J. (1977). The Ambiguity of Leadership. *The Academy of Management Review 2,* 104–112.

Pfläging, N. (2009). *Die 12 neuen Gesetze der Führung. Der Kodex: Warum Management verzichtbar ist.* Frankfurt a. M., New York: Campus.

Pflüger, G. (2009). *Erfolg ohne Chef. Wie Arbeit aussieht, die sich Mitarbeiter wünschen.* Berlin: Econ.

Rosenstiel, L. v. & Einsiedler, H. E. (1987). Führung durch Geführte. In A. Kieser, G. Reber & R. Wunderer (Hrsg.), *Handwörterbuch der Führung* (S. 982–997). Stuttgart: Schäffer-Poeschel.

Simon, H. A. (1957). *Administrative Behavior* (2. Aufl.). New York: The Free Press.

Staehle, W. H. (1985). *Management. Eine verhaltenswissenschaftliche Einführung* (2. Aufl.). München: Vahlen.

Stogdill, R. M. (1974). *Handbook of Leadership. A Survey of Theory and Research.* New York: Free Press.

Straub, A. (2012). *Aldi. Einfach billig. Ein ehemaliger Manager packt aus.* Reinbek bei Hamburg: Rowohlt.

Toffler, A. (1971). *Future Shock.* New York: Bantam Book.

Türk, K. (1981). *Personalführung und soziale Kontrolle.* Stuttgart: Enke.

Türk, K. (1987). Entpersonalisierte Führung. In A. Kieser, G. Reber & R. Wunderer (Hrsg.), *Handwörterbuch der Führung* (S. 231–241). Stuttgart: Schäffer-Poeschel.
Weber, M. (1976). *Wirtschaft und Gesellschaft*. Tübingen: J. C. B. Mohr.
Willke, H. (1987). *Systemtheorie. Eine Einführung in die Grundprobleme*. Stuttgart, New York: Fischer UTB.
Witzel, M. (2012). *A History of Management Thought*. London: Routledge (Business and management).
Yukl, G. (1999). An Evaluative Essay on Current Conceptions of Effective Leadership. *European Journal of Work and Organizational Psychology*, 8(1), 33–48. https://doi.org/10.1080/135943299398429
Zaleznik, A. (1977). Managers and Leaders: Are They Different? *Harvard Business Review*, 5, 67–80.
Zaleznik, A. (1989). *The Managerial Mystique. Restoring Leadership in Business*. New York: Harper & Row.

Weiterführende Literatur

Kühl, Stefan (2020): *Organisationen. Eine sehr kurze Einführung*. 2. Aufl., Wiesbaden: Springer VS.
Kühl, Stefan (2017): *Laterales Führen. Eine kurze organisationstheoretisch informierte Handreichung zu Macht, Vertrauen und Verständigung*. Wiesbaden: Springer VS.
Kühl, Stefan; Muster, Judith (2016): *Organisationen gestalten. Eine sehr kurze Einführung*. Wiesbaden: Springer VS.
Kühl, Stefan (2016): *Strategien entwickeln. Eine sehr kurze Einführung*. Wiesbaden: Springer VS.
Kühl, Stefan (2016): *Projekte führen. Eine sehr kurze Einführung*. Wiesbaden: Springer VS.
Kühl, Stefan (2017): *Leitbilder erarbeiten. Eine sehr kurze Einführung*. Wiesbaden: Springer VS.
Kühl, Stefan (2017): *Märkte explorieren. Eine kurze organisationstheoretisch informierte Handreichung*. Wiesbaden: Springer VS.

Literatur

Kühl, Stefan (2018): *Organisationskultur beeinflussen. Eine sehr kurze Einführung.* Wiesbaden: Springer VS.

Barnutz, Sebastian; Kette, Seven (2019): *Compliance managen. Eine sehr kurze Einführung.* Wiesbaden: Springer VS.

Kühl, Stefan; Nolte, Mascha (2023): *Workshops moderieren. Eine sehr kurze Einführung.* Wiesbaden: Springer VS.

Kühl, Stefan; Muster, Judith (2025): *Führung managen. Eine sehr kurze Einführung.* Wiesbaden: Springer VS.

Kühl, Stefan (2025): *Managementmoden nutzen. Eine sehr kurze Einführung.* Wiesbaden: Springer VS.

Kühl, Stefan (2015): *Wenn die Affen den Zoo regieren. Die Tücken der flachen Hierarchien.* 6., aktual. Aufl., Frankfurt a. M., New York: Campus.

Kühl, Stefan (2015): *Das Regenmacher-Phänomen. Widersprüche im Konzept der lernenden Organisation.* 2., aktual. Aufl., Frankfurt a. M., New York: Campus.

Kühl, Stefan (2015): *Sisyphos im Management. Die vergebliche Suche nach der optimalen Organisationsstruktur.* 2., aktual. Aufl., Frankfurt a. M., New York: Campus.

Kühl, Stefan (2020): *Schattenorganisation. Agiles Management und ungewollte Bürokratisierung.* Frankfurt a. M.; New York: Campus.

Kühl, Stefan (Hrsg.) (2015): *Schlüsselwerke der Organisationsforschung.* Wiesbaden: Springer VS.

Kühl, Stefan; Strodtholz, Petra; Taffertshofer, Andreas (Hrsg.) (2009): *Handbuch Methoden der Organisationsforschung.* Wiesbaden: Springer VS.

The manufacturer's authorised representative in the EU is Springer Nature Customer Service Centre GmbH, Europaplatz 3, 69115 Heidelberg, Germany. If you have any concerns regarding our products, please contact ProductSafety@springernature.com

Printed and bound by CPI Group (UK) Ltd, Croydon, CR0 4YY
26/03/2026
02078943-0001